D1722737

MYTHOLOGIE
DES FILLES DES EAUX

Du même auteur

7, *Retomba des Nuits* (Aglis Press, 1970).

Manifeste Electrique Aux Paupières De Jupes (Le Soleil Noir, 1971).

Poème A (Effraction-Laque) (Jean-Jacques Pauvert, 1972).

Parvis à l'écho des cils (Jean-Jacques Pauvert, 1972).

Les Cristaux de folie suivi de Watcris88mots (Electric Press, 1973).

Sang de satin (Première Personne, 1973).

Ether-Mouth, Slit, Hypodermique (Seghers, 1974).

L'Angle-Lit (Galerie Eric Fabre, 1974).

Eurydice d'Esprits (Christian Bourgois éditeur, 1974).

Des siècles de folie dans les calèches étroites (Pierre Belfond, 1976).

Le Maître des Abysses (La Lampe Voilée, 1977).

La Pyramide de la Vierge (Christian Bourgois éditeur, 1979).

Enfant Dandy Poème (Pierre Bordas et fils, 1980).

L'Aiguille de diamant de l'anéantissement (Le Soleil Noir, 1980).

Iles serrées (Pierre Belfond, 1980).

Discours de la Beauté et du Cœur (Pierre Bordas et fils, 1981).

Les Sirènes (Editions du Cygne, 1982).

MICHEL BULTEAU

MYTHOLOGIE
DES FILLES DES EAUX

GNOSE

EDITIONS DU ROCHER
28, rue Comte-Félix-Gastaldi - Monaco

© Editions du Rocher, 1982
ISBN 2-268-00169-5

INTRODUCTION

Les Filles des Eaux invitent à de puissantes cérémonies. A combien de cérémonies, au fond des mers, n'ai-je pas assisté ? Que de fleuves et de lacs parcourus, sans parler des sources et des fontaines sur lesquelles, tel un narcisse inquiet je me suis penché. Peu d'invitations acceptées, malgré la fascination qu'exercent ces créatures à éclairage double : le plaisir craquant comme un feu que l'eau très vite éteindra, et les ténèbres ou l'incertitude du destin. C'est en cela qu'elles sont des émanations du Sacré.

La Mésopotamie babylonienne avait dans ses réserves de divinités quelques dévoreuses qui tentaient de séduire. Lamashtu, chassée des cieux par son père, « celle qui embrase de désirs », la responsable de la face noire du chiffre sept, ou encore la ravisseuse Lilitû, annoncent la malfaisante Lilith.

L'insaisissable Lilith, créature du fond des temps, franchit les mythologies. Elle emprunte les traits de la cruelle Lamme — femme nue à tête de lionne ou de vautour, dont les jambes sont terminées par des serres. Elle est aussi porteuse d'un peigne et d'un vase rempli d'eau qui tient lieu de miroir, attributs prisés par les Sirènes.

Lilith traversera les millénaires, le ciel et le feu, et paraîtra, comme les Sirènes, une seule fois dans la Bible, « pour y trouver le calme ». Fille de la Nuit, séductrice et ravisseuse, Lilith guette les égarements et fuit les odeurs ailées. La satisfaction des rêves la multiplie. Les profondeurs l'apaisent ; elle y retrouve ses fastes et parfois de meilleurs sentiments. Elle reçut des ailes lorsque précisément elle refusa d'être clouée comme un papillon sur du liège par Adam. Et elle s'envola, fière et solitaire !

Que de déguisements pour cette femme-oiseau au plumage bleu, jaune et rouge, posant ses pattes griffues dans le jardin d'Eden parmi les oiseaux, les fleurs exotiques et les fruits d'or, sa queue noire de poisson baignant dans l'onde éternellement rattachée à l'Arche.

Qui a parlé de la superficialité de l'eau ne s'est jamais laissé emporter dans les grottes chargées de gemmes, royaume des Naïades où mirages et mensonges ensorcellent. L'eau remplace le miroir ou le complète, et les Filles des

Eaux, narcisses inconsolables, s'y baignent et parfois s'y noient. Elles veulent soumettre leurs victimes à la contemplation. Mais les rêves ne restent pas toujours au bord de l'œil, et la nudité trop souvent trouble l'innocence. Les Belles des Eaux ne sont pas toutes des cygnes qui hausseraient la nudité jusqu'à l'image de la lune.

Les Filles des Eaux sont les ombres de la mort et baignent leur souffrance dans l'élément clair. Car l'eau est un sang qui arrime la chair au cœur et à l'esprit.

La chevelure a, pour le moins, coulé autant que la rivière. Ophélie divaguait et ses rêves flottaient sur l'onde avec les fleurs et ses cheveux. Les Filles des Eaux aiment se peigner avec des peignes d'or. Cette chevelure est dangereuse, car elle est une marche de l'escalier du désir et une arme enveloppante qui s'empare de l'élu et le précipite dans le fleuve. Le peigne est-il réellement un instrument de divination ?

Le visage caché de l'eau communie-t-il avec les ténèbres ? La lune imprègne-t-elle l'élément d'une dissolution funeste ? Cependant, la pièce d'eau n'est pas toujours un lieu maudit gardé par des oiseaux à têtes de femmes ou l'œil du malin.

L'eau enchante, c'est une mère qui honore le paysage de sa tendresse. Ce lait caressant se retrouve dans le rite de l'étalement de l'eau autour des fontaines sacrées : sur le ventre vierge de la chevalerie. Point n'est besoin pour cette image de la complicité de la lune, à peine de la nuit. Et pourtant, le rêve porté à ébullition, les Filles des Eaux jailliraient d'un bain de lait.

Les jeux des Ondines sont des jeux qui échappent à la mère. Loin d'être *dissoutes*, elles n'ont pas besoin du contact d'une « douce poitrine » pour se matérialiser. La barque concerne à la fois le berceau et le cercueil — flottement des états et des pensées. Elle trace le cheminement de l'âme ; encore un allégement maternel.

Gare au conciliabule des Fées, gardiennes de l'eau pure ; gare à celui qui aura outragé la Déesse-Mère. Dans le labyrinthe de l'inconscient, les Filles de la pureté deviennent les Filles des maléfices. Pourtant les fontaines et les sources sont rarement propriétés du diable.

Proclamer la suprématie des eaux douces, surfaces reposantes, sur l'eau de mer relèverait d'une grave légèreté. Il faut se méfier de ces pourvoyeuses de rêves que sont les eaux douces — d'autant que ceux de la mer ne s'échappent pas toujours d'inquiétantes profondeurs. La mer est un sang pour la terre et ses habitants. La médecine antique ordonnait diverses applications et préparations d'eau de mer, notamment comme cure de boisson, car cette eau contient, entre autres, du natrium, du kalium, du calcium et de la magnésie. Fabuleux médicament que la terre garde perpétuellement sur les lèvres de ses rivages. Le privilège de l'eau douce doit se faner.

Les mythes chinois font du sous-sol un élément liquide, le siège de l'eau — la Terre flottant sur le Grand Marais primordial — un ciel souterrain gardé par des dragons, l'eau sacrée captivant les âmes, le cœur astral de la terre. Déjà les Walkyries, les Filles armées du Rhin, se profilent, car l'épée et parfois d'autres armes — le fouet, la hache, la lance, la pique et les flèches — est associée à l'eau. Poséidon lança son trident dans une roche pour défendre la fille de Danaos contre l'attaque d'un satyre, et lorsqu'il le retira, trois filets d'eau coulèrent qui devinrent la fontaine de Lerne. Ainsi pour donner à boire à ses soldats, le premier empereur des Han planta son épée dans le sol. La « source de l'épée tirée » jaillit lorsqu'il retira l'arme. Plusieurs fontaines sont dédiées au Kouan-ti, héros guerrier. Maints généraux et taoïstes ont fait jaillir des sources avec leur épée. Cette arme magique est aussi le dragon. La légende des deux épées Long-ts'iuan et T'aingo est une belle illustration de ce postulat. Un astrologue les découvrit dans un cercueil. L'une disparut à sa mort, et l'autre appartient maintenant au fils de son ancien propriétaire. Alors qu'il passait un jour à gué, l'épée bondit dans l'eau.

Des plongeurs se précipitèrent et « virent seulement deux dragons brillants sous l'eau ». De même l'épée de l'empereur Kao-tsou, qui lui avait servi à tuer le grand serpent blanc, se transforma en dragon et s'envola par le toit du magasin impérial où elle était conservée, alors que celui-ci était en flammes.

L'épée brille comme l'éclair. Une des cinq épées forgée pour le roi de Yue porte le nom d' « Intestins de Poisson », peut-être parce que le ventre des poissons rapides fait songer à l'éclat de la lame en action. Les anciennes épées, à la poignée en peau de crocodile, reposent au fond des lacs ou des rivières. La tombe du roi Ho Lu de Wou était garnie de deux fois trois mille épées et de deux épées précieuses, dont la célèbre « Intestins de Poisson ». Le premier empereur des Ts'in voulut s'emparer des deux épées, mais en affrontant le tigre blanc qui gardait le tombeau, il frappa un rocher. L'arme disparut et engendra le lac qui baigne la tombe du roi. Les sources où l'on trempe les épées sont propices à la transformation des épées en dragons. C'est d'ailleurs l'arme employée pour combattre les dragons kiao qui symbolisent l'eau maléfique.

Conquête du calme, de la vague, de la fureur et de la clameur. Mais dans les coquillages résonnera une mélancolie que les Sirènes porteront comme une marque. Si la beauté naît du son murmurant, ces déesses des flots sont magnificentes.

L'eau est tantôt bénéfique, tantôt maléfique. Dans le premier cas, elle est guérisseuse et fécondante. Les Anciens n'avaient pas été sans remarquer les propriétés médicinales de certaines eaux et en attribuaient les effets aux Naïades. Près du cap Samikon, en Elide, une source aux eaux sulfureuses guérissait les maladies de la peau. C'est dans les sources chaudes d'Himéra en Sicile qu'Héraclès se baignait pour retrouver des forces. Cela n'est pas sans rappeler les Samovilas, les fées bulgares, qui accordent de terribles pouvoirs à ceux qui boivent à leur source, puisqu'ils peuvent ensuite arracher des arbres, et même concevoir des enfants qui auront des ailes aux bras.

Le thème de la fécondité rejoint celui des âmes flottantes. Au pied d'une colline athénienne, les femmes s'asseyaient sur un siège, et dans la rivière se laissaient glisser en invoquant Apollon. Sur le mont Hymette, près du temple d'Aphrodite, coulaient deux sources aux eaux génératrices.

Le jour de la Saint-Jean, une coutume voulait que l'on se baigne dans les sources et les fontaines pour obtenir du saint invoqué la grâce et la fécondité. Le rite du « passage des rivières » se déroule lors de la fête printanière chinoise. Les vierges à demi nues célébraient la délivrance des eaux hivernales, et le bain dans les rivières sacrées était une incantation à la maternité.

L'autre visage de l'eau est son pouvoir maléfique. Elle est alors le miroir des vaines contemplations et va jusqu'à ravir la vertu des jeunes filles. Il est préférable de ne pas se baigner dans l'*Avernas Uallas* des *Métamorphoses*. Sont-elles malfaisantes les eaux de la fontaine Salmacie qui rendaient efféminé ou hermaphrodite et celles, en Inde, de la rivière Man Sarovar qui changeaient les femmes en hommes ?

L'eau est entre le ciel et la terre, plus légère qu'elle et moins que l'air. Dom Pernety a écrit :

> « L'eau est un mercure, qui prenant tantôt la nature d'un corps terra-aqueux, tantôt celle d'un corps aqua-aérien, attire et va chercher les vertus des choses supérieures et inférieures. Il devient par ce moyen le messager des Dieux et leur médiateur ; c'est par lui que s'entretient le commerce entre le ciel et la terre. »

De cette échelle de clarté aux maléfices, il y a loin. Pourtant la Babylonienne à tête de lion et aux serres coupantes revendique sa descendance. Les Sirènes figurent la moitié du sortilège. Oiseaux à tête de femme ou femmes au corps d'oiseau, elles ont longtemps attendu leur queue de poisson. Dans son *Bestiaire divin,* rédigé au début du XIIIe siècle, Guillaume le Clerc met en garde et conseille :

« La sirène, qui chante d'une voix si belle qu'elle ensorcelle les hommes par son chant, enseigne à ceux qui doivent naviguer à travers ce monde qu'il leur est nécessaire de s'amender. Nous autres, qui traversons ce monde, sommes trompés par une musique comparable, par la gloire, par les plaisirs du monde, qui nous conduisent à la mort. Une fois que nous sommes habitués au plaisir, à la luxure, au bien être du corps, à la gloutonnerie et à l'ivresse, à la jouissance des biens du monde et à la richesse, à la fréquentation des dames et aux chevaux bien nourris, à la magnificence des étoffes somptueuses, nous sommes sans cesse attirés de ce côté, il nous tarde d'y parvenir, nous nous attardons dans ces lieux si longtemps que, malgré nous, nous nous y endormons ; alors la sirène nous tue, c'est-à-dire le Diable, qui nous a conduits en ces lieux, et qui nous fait plonger si profond dans les vices qu'il nous enferme entièrement dans ses filets. Alors, il nous assaille ; alors, il s'élance sur nous et il nous tue, nous transperce le cœur, tout comme agissent les sirènes avec les marins

15

qui parcourent les mers. Mais il existe plus d'un marin qui sait prendre garde à elles et reste aux aguets : tandis qu'il fait voile à travers la mer, il se bouche les oreilles, afin de ne pas entendre le chant trompeur. C'est ainsi que doit faire le sage qui passe à travers le monde : il doit demeurer chaste et pur, et se boucher les oreilles, afin de ne pas entendre prononcer des paroles qui puissent le conduire au péché. »

Séduction assurément — beauté, elles la perdront vite en croyant rompre les liens ou détourner les rayons qui les reliaient à Dieu — mais la damnation — de toute façon, le malheur — ne tarde jamais à se montrer. Le drame de la Sirène, c'est la combinaison d'un plaisir impur et d'un élan « qui ne laisse point de remords ». Sirène homicide contre Sirène harmonieuse.

Comme si tout cela ne suffisait pas, les Sirènes ont un pouvoir d'énervement — la tempête précède le calme, la chute n'est pas loin — non pas un futile agacement, mais bien un hypnotisme diabolique. Elles charment les vents : le soleil brûle les eaux, la mer est apaisée, la proie est désemparée. Le chant des tentatrices s'élève, les nerfs vibrent sous le ciel enflammé, le piège se referme.

Pendant tout le xvᵉ siècle, les Sirènes furent

très à la mode. Elles figurent souvent dans « les fêtes données au roi Louis XI par ses bonnes villes ». C'étaient alors de belles jeunes filles nues, immergées jusqu'à la ceinture, et récitant au roi des compliments en vers.

Les Harpies, Aellô, Oypétès et Celaïno, trois déesses ravisseuses et profanatrices, appartiennent également au théâtre d'ombre et de sang des femmes-oiseaux.

Ces trois jeunes filles très pâles au corps d'oiseau — celui d'un vautour — avaient des ailes de fer semblables à celles des chauves-souris, des griffes aux pieds et aux mains, ainsi qu'un très gros ventre. Une queue de serpent chargeait parfois leur monstruosité.

Aucun mortel ne les pouvait approcher. Insatiables, elles avaient la rapidité et la soudaineté de funestes tempêtes. Etaient-elles la personnification du vent, porteur de roses, de boue et de sang, ou plutôt comme les Sirènes, des divinités funéraires, pourvoyeuses du royaume des morts ?

Néanmoins, à l'inverse des Sirènes, elles incarnent la mort brutale. Ces visages de vierges « toujours pâles de faim » et ces ventres lâchant des immondices, recouvrent une autre mission : la divination.

Ces parties volatiles montent et descendent dans l'au-delà. Les âmes n'ont plus de vêtements et errent parmi les destins inachevés. Désormais il faut les apaiser. Puissent-elles, comme parfois les Sirènes, devenir bienveillantes et adoucir les tourments des mortels.

> « Le démon obscurcit le brillant de l'eau
> par le moyen des péchés qu'il y introduit,
> et entoure l'âme pour l'empêcher de retourner à Dieu [1]. »

Les Filles des Eaux ne sont pas toutes des parcelles du mal — l'eau n'est pas toujours un miroir noir — mais leur double nature exalte à la fois lumière et ténèbres.

> « L'esprit de l'eau reçoit toutes sortes
> de choses, tantôt du bien, tantôt du mal ;
> l'homme dans cette complexion devient
> aisément lui-même un saint hypocrite, il
> présume de mener une vie juste et pieuse,
> mais elle est mélangée. L'eau a du brillant :
> aussi l'âme ne s'aperçoit pas facilement de
> la colère de Dieu, et du monde ténébreux,
> qui est dans son centre ; elle avale à long
> trait les souillures du monde, et les couvre
> sous le brillant de l'eau, pensant que c'est
> la splendeur de Dieu [2]. »

Les Moreski Gudi et Memozini (Meljuzini) sont des Sirènes russes qui dansent autour des bateaux et chantent pour séduire l'équipage. Ces femmes-poissons passent pour avoir composé les chansons populaires. Elles ont une bien jolie origine. Lorsque le pharaon poursuivait les Juifs en Mer Rouge, son armée se noya. Les soldats engloutis par les eaux devinrent des habitants des mers. Ces Phaljaroni ont épousé des Sirènes, et les Memozini ou Meljuzini sont les fruits de ces mariages.

Si Mélusine n'est pas une créature marine, elle perpétue la tradition de l'âme double. Héritière des anciennes divinités des forêts, elle est d'abord une Fée qui confia son tourment aux eaux et aux grottes. Car Mélusine est chtonienne.

Elle porte en elle une malédiction : la métamorphose du samedi. Néanmoins elle aime à jouer les châtelaines, se coiffer d'un hennin et arpenter les pièces des châteaux qu'elle a miraculeusement construits. Mélusine est une inlassable bâtisseuse, et le transport des pierres nécessaires aux constructions, qu'elle entasse dans sa dorne, ne lui coûte ni effort ni fatigue.

Elle aime la vie des humains, les longs repas et les fêtes, mais gare à qui oubliera que la charmante est monstrueuse. L'image de la femme-serpent est prête à se matérialiser à la moindre indiscrétion. Elle dissimule son secret comme une malformation. Les ailes de chauve-souris qui lui permettront de s'envoler sont aussi grotesques que les pattes d'oiseau des Sirènes.

La métamorphose, ou l'eau dormante, qu'un serment maintient et que la curiosité fera basculer dans un autre cycle, se retrouve dans *Parthénope de Blois*, un roman de chevalerie. La magicienne Mélior s'éprend d'un chevalier qu'elle n'a jamais vu, mais qu'elle sait être d'une grande beauté et courageux. Grâce à une nef enchantée qu'elle lui a envoyée, le chevalier vient dans son palais. Elle le rejoint chaque nuit lui faisant des promesses de mariage et de puissance, à condition que deux années durant, il reste près d'elle sans chercher à la voir.

La bienveillance de Mélusine est fragile, et un bain troublé suffit, comme Diane surprise, à la métamorphoser en créature de déséquilibre.

Les jeunes filles serpentes, maudites et déchues, sont éternellement malchanceuses. Ainsi un Bâlois, en l'an 520, après avoir passé une porte de fer, arriva dans de beaux jardins où s'élevait un palais. Une belle y vivait ayant un corps humain jusqu'à la ceinture, étant au-dessous une affreuse serpente. Elle portait une couronne en or et sa chevelure descendait jusqu'à terre. Elle était très riche, de royale descendance. Elle ne serait délivrée de ce mauvais sort que par les trois baisers d'un jeune homme « dont l'innocence n'aurait souffert aucune atteinte ». Pour cette libération, elle offrait un trésor. Le jeune homme lui donna deux baisers, mais les transes de joie de la femme-serpent l'apeurèrent ; « il avait cru dans sa frayeur qu'elle allait le déchirer tout vivant ». Il n'osa lui donner le troisième baiser et prit la fuite. Hélas, il perdit sa virginité avec une mauvaise femme, et quand il voulut la revoir, il ne put jamais retrouver l'entrée du souterrain et sa porte de fer.

D'où vient donc cette fable dans laquelle une Mélusine, telle la méchante princesse, se prenait pour la plus belle des femmes ? Lorsqu'elle fut mère, elle ne put se faire à l'idée qu'un jour la beauté de ses trois filles surpasserait la sienne. Elle fit construire un palais en pleine forêt, les y enferma et les voua à un enchantement. Un siècle durant, elles seraient Filles de la Mer, la nuit du vendredi au samedi. Elles symboliseraient la lune, le soleil et le vent. Le temps s'écoula et un jeune homme pénétra dans le palais, se prit d'amour pour la plus jeune, l'épousa, lui promettant de ne jamais s'inquiéter de ses absences. Un jour fatal, il la suivit : son épouse entra dans une chapelle. Dans la crypte, il y avait une fontaine et le jeune homme fut horrifié de voir une femme-serpent se baigner et pousser des cris de joie. Lorsqu'elle revint au palais, il lui avoua son indiscrétion, tout en la traitant de « monstre de la mer ». La jeune femme se pâma, et confessa l'enchantement qui était sien. Le délai de cent ans était presque écoulé, il aurait suffi d'un vendredi de plus pour qu'elle soit délivrée de son affreux sortilège. Désormais elle restera Fille de la Mer. Le palais s'écroula et un vent de mort se mit à souffler.

Descendante d'une déesse orientale ou fée sylvestre saintongeaise, Mélusine ajuste construction et conception, demeure la porteuse de nuages et la pleine lune reptilienne. Divinité des arbres, elle illustre une fable maniériste : à savoir que les racines et les feuilles composent aisément un serpent.

Aux traditions se sont greffées des croyances, des craintes et des interdictions. Le culte des fontaines et des rivières, legs d'un héritage sacré, avait ses accompagnatrices : les Fées des Eaux. Ces *fata* antiques, mâtinées de Parques et de Déesses-Mères, prisaient le bord des eaux. Ce sont des amoureuses et des prophétesses. Leurs jeux loin d'être inoffensifs, sont inquiétants, et il n'est jamais bon de les suivre dans leurs arabesques. Il ne faut surtout pas les croire lorsque, comme Mélusine, elles affirment être bonnes chrétiennes. La Vierge, au contraire, est leur plus grande ennemie. D'ailleurs le samedi, jour consacré à Marie, ne leur est pas favorable.

Ces essaims de belles ne sont que d'harmonieuses ou disgracieuses illusions. Leur chair a la pâleur de la lune et il est probable qu'elles n'aient pas de sang. Parentes des végétaux, elles allient la dualité lunaire de la fécondité et de

22

l'engloutissement au pouvoir de guérison et même de résurrection. Nous voulons parler de cette réapparition de l'astre des nuits après sa mystérieuse retraite dans les corridors célestes. Immortalité et pérennité sont les deux gemmes de la lune.

L'Archer Yi, rétablissant l'équilibre du monde en abattant neuf soleils, avait reçu de Si wang-mou, une ancienne divinité qui régnait sur la maladie et la mort, la poudre d'immortalité que sa femme lui déroba. Elle absorba le breuvage et s'enfuit dans la lune. Thème qui se retrouve dans la légende du cannelier, cet arbre lunaire dont le tronc ne craignait pas les blessures de la hache, puisqu'elles se refermaient aussitôt, et qu'il était donc impossible d'abattre. Le cassia, autre arbre lunaire dont les fleurs sont de petites boules blanches, a des propriétés médicinales et c'est dans son ombre que le lièvre de jade pile les herbes.

Les Fées des Eaux se profilent... Viviane et Morgane, disciples de Merlin l'Enchanteur. Viviane est tantôt la sœur de Merlin, tantôt son amante. Trouble des époques, flux des noms — combien en portera-t-elle avant le XVIe siècle qui définitivement la baptisera — Gwendydd, Niviene ou Niniane ? Cette fée à la robe verte, dormant sous le chèvrefeuille, avait pour destin de soumettre le plus sage des hommes, aiguisant son désir et le suppliant pour qu'il lui trans-

mette ses secrets magiques. Viviane est-elle cette
« Blanche Journée », pâle comme la lune — son
père était le vavasseur Dyonas, filleul de Diane,
à qui la déesse avait promis d'auréoler de gloire
et de puissance sa première fille — une fée
blonde, ou la chienne noire de la nuit, trompeuse séductrice proche de cette princesse qui
avant l'aube congédiait ses amants, les obligeant à porter un masque magique pour qu'on
ne les reconnût point. Très vite les infortunées
sentaient leurs visages se déformer, et les mas-
ques finissaient par les étrangler. Fontaines et
rivières sont ses lieux de repos favoris. Cette
Dame Blanche ne tardera pas à devenir la Dame
du Lac.

Est-elle née de la mer cette Morgane à deux
faces ? La ceinture de soie des femmes marines
s'enroule-t-elle autour de sa taille pour célé-
brer au fond des eaux l'amour des beaux imprudents ? Elle est à la fois bienfaisante et maternelle, quand elle conduit le roi Arthur dans
l'Ile d'Avalon pour le guérir de ses blessures,
féroce et rusée avec ses amants, ses rivales et
Lancelot. Magicienne et guérisseuse, dans le
monde des Fées elle est la reine de l'Ile
d'Avalon.

Il semble que les plus anciennes de toutes les
Fées de France soient les Nymphes de l'Ile-de-
Seine. Pompelius Mela écrit :

« Ile de Seine est sur la côte des Osis-
miens ; ce qui la distingue particulièrement,
c'est l'oracle d'une divinité gauloise. Les
prêtresses de ce Dieu gardent une perpé-
tuelle virginité ; elles sont au nombre de
neuf. Les Gaulois les nomment Cènes. »

Elles exercent leur art divinatoire pour les
navigateurs qui prennent la mer dans le seul but
de les consulter.

Puis, croyances et traditions tressant leurs
racines, créèrent de nouveaux prodiges qui
rayonnèrent de l'Ile de Seine jusqu'au cœur des
plus profondes forêts. Une autre féerie ne
tarda pas à naître : la miraculeuse Ile d'Avalon.

« Avalon est riche et brillante. Son château est le plus magnifique qu'on ait jamais
élevé. Tout homme couvert de blessures qui
se frotte à l'une de ses pierres est aussitôt
guéri. Elles sont brillantes comme le feu.
Chaque porte est d'ivoire, et cinq cents
fenêtres éclairent la tour, dont les murs
sont d'or mêlé de pierreries ; la couverture
est aussi en or, et à son sommet brille un
aigle d'or qui tient en son bec un gros diamant. Là demeure le peuple des Fées. »

C'est ainsi que dans le *Lai de Lanval*, le seigneur de Lanval se reposant près d'une rivière

vit surgir deux demoiselles qui le conduisirent à la tente d'une jeune femme très belle. L'amour enflamma leurs cœurs et la Fée emmena Lanval dans l'Ile d'Avalon.

Plus tard, les pouvoirs des Fées se transmirent aux saintes et aux saints, ainsi qu'à la Vierge. Que de fontaines et de sources présidées par des prêtresses des eaux, comme les neuf vierges de l'Ile de Seine qui pouvaient déchaîner les tempêtes grâce à leurs chants, prendre des corps d'animaux, prédire l'avenir et enfin guérir les maladies. Chaque province recèle plusieurs fontaines, cascades, combes, clairières et falaises qui sont les rendez-vous des Dames Blanches, et il ne rentre pas dans le cadre de cet ouvrage de les répertorier toutes, mais plutôt de saisir leurs traits communs : séduction, coquetterie et pouvoirs magiques. Funestes pressentiments. Les outrages couvrent les rires.

*
**

Les Néréides et les Océanides sont des Fées de lumière. Le christianisme a condamné les divinités grecques du folklore des eaux. Elles sont devenues des créatures maléfiques. Au temps du paganisme, elles veillaient sur les âmes et les guidaient durant le voyage de la mort. Le christianisme en a fait des ravisseuses, des étouffeuses, des assommeuses et des éventreuses. En cas de rencontre nocturne, il ne faut pas répondre à leurs avances, car elles possèdent le pouvoir « d'emporter la parole ».

Amphitrite, beauté de la mer, fille de Nérée et de Doris, charma Poséidon qui la fit enlever près de l'île de Naxos et l'épousa. Scylla l'Aboyeuse, de parents incertains — est-elle fille de la déesse Crataeis, de Phorcys et d'Hécate, fille de Typhon et d'Echidna ? — est effrayante. Héraclès la tua, mais par l'opération magique des flambeaux allumés, Phorcys lui redonna vie. Charybde, fille de la Terre et de Poséidon, trois fois par jour absorbe les flots et les rejette. Zeus la foudroya et elle fut jetée dans la mer.

Abandonnons le domaine des « imposantes » pour retrouver les Demoiselles de l'onde. Qui sont ces lavandières fantomatiques qui la nuit lavent leur linge et le frappent avec des battoirs d'or ? Elles filent le linge du purgatoire et reconstituent une sainteté coupée en morceaux. Elles ont un aspect funèbre, toutes habillées de blanc, étalant leur linge et posant des pièces d'or aux quatre coins pour le faire sécher au clair de lune. Elles tordent les bras des égarés et leur brisent les mains en les obligeant à nettoyer des suaires et essorer des linceuls. Les battoirs d'or que ces pécheresses abandonnent dans les fontaines et au fond des lavoirs sont des talismans de bonheur.

Une page se tourne et le Rhin avec ses mugissements apporte ses légendes et ses multiples fiancées : les Nixes, fileuses d'intrigues, les Willis irrésistibles, les Femmes-Cygnes aux vêtements magiques, les Ondines dont le désarroi n'est pas éternel, les Dames Blanches et leurs prédictions sophistiquées, les Nornes qui surent résister à Odin et bien le conseiller, et enfin la déesse Holda et la Dame Hollé.

« Dans les eaux régénératrices du Rhin, les Ondines se mêlent aux Tritons et aux Naïades ; les gnomes s'abritaient sous ses rochers, où ils faisaient bon ménage avec les nains, les elfes ; les dryades recommençaient à danser sur ses rivages avec les sylphes, les fées et les péris. »

Les Walkyries surgissent dans un bourdonnement d'épées et de boucliers heurtés. Elles sont brutes et braves et communient avec la lune pour trouver la délicatesse. Les divinités de la Valhalla interviennent dans les querelles des hommes — les dieux prennent alors une forme humaine — et distribuent ou retirent leur protection. Ces vierges répandent le sang plus qu'elles ne rayonnent.

« Vous la connaissez comme moi, mon ami, cette Lorely ou Lorelei — la fée du

Rhin — dont les pieds rosés s'appuient sans glisser sur les rochers humides de Baccarach, près de Coblentz. Vous l'avez aperçue sans doute avec sa tête au col flexible, qui se dresse sur son corps penché. Sa coiffe de velours grenat, à retroussis de drap d'or, brille au loin comme la crête sanglante du vieux dragon de l'Eden.

« Sa longue chevelure blonde tombe à sa droite sur ses blanches épaules, comme un fleuve d'or qui s'épancherait dans les eaux verdâtres du fleuve. Son genou plié relève l'envers chamarré de sa robe de brocart, et ne laisse paraître que certains plis obscurs de l'étoffe verte qui se colle à ses flancs.

« Son bras gauche entoure négligemment la mandore des vieux Minnesaengems de Thuringe, et entre ses beaux seins, aimantés de rose, étincelle le ruban pailleté qui retient faiblement les plis de sa tunique. Son sourire est doué d'une grâce invincible, et sa bouche entr'ouverte laisse échapper les chants de l'antique syrène. »

Tel est le portrait de la gracieuse et trompeuse Ondine que Gérard de Nerval a placé au début de ses *Souvenirs d'Allemagne*.

Cette autre sorcière « aux yeux pleins de pierreries » a fait un pacte avec un dieu vengeur. Les bons sentiments de la jeune abandonnée se retourneront contre eux.

Avant de parcourir les mythologies chinoise et indienne, pêchons, comme le couple d'alchimistes, encore quelques déesses.

En Assyrie, la dame des eaux appelée Ninâ était honorée dans la ville sainte d'Éridon et à Lagash. Akkruva est la Sirène des Lapons. Elle entraîne dans son sillage une foule de poissons. Sacien est une divinité au visage pâle et à la chevelure noire, habitant les lacs et les fleuves que les Lapons russes révèrent. Il ne faut pas l'effrayer lorsqu'elle se promène sur les rivages, sinon elle bondit dans l'eau et abandonne son peigne et des mèches de cheveux. Cette séductrice redoute les femmes. La Nymphe Sdivoneita règne sur les poissons et accorde une pêche fructueuse à ceux qui ont gagné ses faveurs. Elle hante les vénérables lacs saivo, à double fond ou parfois superposés et communiquant entre eux. Elle ne tolère ni les voix fortes ni les paroles déplacées.

P'an-kou naquit dans l'œuf du chaos terrestre et céleste, y demeurant dix-huit mille ans. Il est l'ancêtre des dix mille êtres de l'univers, et comme le rappelle le *Chou Yi ki*, écrit du VIe siècle :

« Lorsque P'an-kou mourut, sa tête devint un pic sacré, ses yeux devinrent le soleil et la lune, sa graisse les fleuves et les mers. »

La lune est Eau. D'ailleurs la rosée est un bienfait de la lune qui pouvait être recueillie avec des miroirs carrés : Fang-tchou ou Yin-souei. Le mythe du déluge provoqué par le dieu du Tonnerre, et le couple primordial frère et sœur, Fou-hi et Niu-koua, génies à corps de serpents, se retrouvent dans la mythologie chinoise.

Les fleuves étaient des puissances sacrées, permettant la pluie si précieuse pour l'agriculture. Ils sont souvent associés aux montagnes, telle la légendaire Kouenlouen, source de cinq fleuves férocement gardée :

« Il est dit que les plantes d'immortalité poussent dans cette montagne et qu'on y trouve la rivière de Cinabre (Tanchouei) dont l'eau empêche de mourir si on la boit [3]. »

La déesse de la rivière Lô réside au confluent de la Lô et de la Yi. Les deux déesses de la rivière Siang habitent une île du lac T'ong-t'ing où la Siang se jette. Elles hantent le Gouffre du Fleuve et provoquent tourbillons et averses.

Il ne faut pas oublier « l'esprit de la mer »

qui est « une donzelle de joie » si l'on en croit la visite qu'il fit à un homme, un soir de tempête, en 1518. Le dormeur se réveilla et fut surpris de voir dans sa chambre lumineuse « trois belles femmes au visage rose, aux cheveux verts et coiffées d'un élégant chapeau, orné de plumes bleues ». Elles étaient accompagnées de plusieurs centaines de femmes. L'une des trois belles demanda l'homme en mariage, et les autres disparurent. Elle lui dit être l'esprit de la mer et n'être pas une immortelle. A l'aube elle disparaissait mais revenait toutes les nuits.

Les divinités des eaux de la Chine ancienne, en général des noyées, n'étaient pas malfaisantes. Les sorcières mariaient souvent des jeunes filles ou des princesses à l'esprit d'un fleuve. Après les avoir installées sur un lit, elles confiaient cet équipage aux flots qui finissaient par l'engloutir.

Le *Rig-Véda*, recueil de chants et de litanies, auquel les prêtres des Aryas védiques se référaient, enseigne qu'à l'origine le monde était eau. Les Aryens croyaient que la vapeur d'eau, ou vapeurs célestes, constituaient la texture de l'univers et étaient responsables des mouvements du soleil et de la lune.

Trois groupes de sept rivières y sont distingués : célestes, terrestres et infernales. Le corps de Vritra empêchait les eaux de couler, obstruant les orifices montagneux. Indra, abattant le démon des eaux inférieures, permit aux sept rivières de poursuivre leur cycle aérien. C'est le soleil asséchant les flaques.

Les rivières, et les eaux en général dans la mythologie védique, sont comparées à des cavales et surtout à des vaches. De même que l'aurore est une « vache brillante » ou une « vache mère » ; Indra « obtint le soleil et les eaux après avoir abattu le démon ». Varuna veille sur ces eaux qui ont apporté le soleil ; elles lui obéissent. Car la libération des eaux, c'est aussi la libération des vaches et du soleil et l'apparition de l'aurore. L'assimilation des eaux au lait a entraîné l'assimilation du lait à la lumière.

Tout comme les eaux célestes sont mères d'Agni et de Soma, les eaux-mères sont les maîtresses des êtres animés. Elles ont des vertus guérisseuses :

> « Les rivières qui prennent naissance dans le Malaya ressemblent à un nectar avec leurs eaux fraîches. Détruisant vent et bile, elles font disparaître desséchement, vertiges et fatigue [4]. »

Elles portent la sagesse et l'immortalité. Le lotus aux fleurs d'immortalité et symbole des eaux, est la plante de la déesse Laksmi que l'on voit debout sur un lotus et « baignée par les éléphants célestes porteurs de vases d'or ». Elles sont saintes et « habitées des dieux et des rsi. »

*
**

L'eau a toujours favorisé l'amour et les visions. Les Filles des Eaux sont donc des amoureuses et des prophétesses. Les fontaines sont nées de leurs larmes. Elles ne sont pas toutes des âmes errantes à qui il faut jeter des épingles pour qu'elles puissent attacher leur suaire, mais aussi les traditionnelles gardiennes des eaux qui connaissent son pouvoir d'ordalie.

LES SIRÈNES

CHAPITRE PREMIER

Les fruits de sang.

Le sens du mot « Sirène » est déjà fuyant comme le corps de ces enchanteresses. En effet apporte-t-il par ricochet l'idée d'une chaîne ou d'un lien — Celles qui attachent avec une corde ou Celles qui font périr — du souffle ou du soleil ou encore du chant — en faisant prendre racine au mot grec dans le mot de langue hébraïque et punique *sir* ?

Quant à savoir leurs noms et leur nombre ! Elles sont décidément bien insaisissables. Sont-elles deux comme dans *l'Odyssée,* trois, huit comme les musiciens du ciel de *la République,* onze ? Des noms scintillent comme des lumières musicales : Aglaopé, celle au beau visage ; Aglaaphonos à la voix superbe ; Ligéia à la voix d'outre-tombe ; Leucosia, la blanche créature ;

Molpé, la musicienne ; Peisinoë, la persuasive ; Raidné, Télès, Parthénopé aux visages de vierges ; Telxiope, la flatteuse et Thelxépéia aux paroles apaisantes.

Certains auteurs les ont voulu filles des Muses Calliope, Melpomène, Terpsichore ou Erato. Il est d'usage de leur donner pour père le fleuve Achéloüs. C'était le plus grand fleuve de Grèce. Prenant sa source dans la Pinde, il séparait l'Etolie de l'Arcananie et allait se jeter dans la mer ionienne près des îles Echinades. Il faisait le tour de la terre et était à l'origine de toutes choses — même des dieux ! Il était fils de l'Océan et de Téthys et l'aîné de trois mille frères. Achéloüs avait demandé Déjanire, fille d'Oené roi d'Etolie, en mariage. Hercule était un autre prétendant. Une querelle grandit comme un feu de brousse et pour se défendre contre son redoutable rival, Acheloüs qui, comme le dieu marin Protée avait le pouvoir de changer de forme, se transforma en jeune lion, en sanglier, en serpent, en pierre, en arbre, en feu et en taureau. Lorsqu'il chargea Hercule, ce dernier lui saisit une de ses cornes et la lui arracha. C'est du sang de cette corne arrachée que naquirent les Sirènes.

Les Naïades remplirent la corne avec des fleurs et des fruits, et elle devint la corne d'abondance. Plus tard, pour la revoir, Acheloüs donna à Hercule la corne de la chèvre Amalthée.

Les Sirènes sont nées, soit, mais où donc ont-elles vécu ? Au fond de la mer, sur une île ou sur un rocher ? Elles guettent les vaisseaux sur une hauteur et entraînent peut-être leurs prétendants dans un ballet sous-marin avant de les dévorer sur une île. Vouloir situer l'île des Sirènes sur une carte, n'est-ce point trop demander ? Il semblerait, après lecture des textes des anciens mythologues, que les écueils semés entre l'Italie et la Sicile aient plu aux enchanteresses. La ville de Naples — Parthénopé — possède un palais des Sirènes, et les îles Leucosie et Ligée portent leurs noms.

Evolution de la Sirène.

D'abord, la Sirène est soit une vierge nue ou dévêtue, avec ou sans ailes, soit un oiseau à tête de femme, ou une femme à corps d'oiseau. Ce n'est que vers la fin du VIIe siècle que les femmes-poissons apparurent en Occident. Bien que cette dernière image ait prévalu dans les esprits et dans l'Art, il est indispensable d'étudier les différents états du mythe.

La Bible a été l'un des refuges de la Sirène. Saint Jérôme, dans la Vulgate, traduit un extrait du livre d'Isaïe comme suit :

« *Sed requiescent ibi bestiae, et reple-buntur domus eorum draconibus, et habi-tabunt ibi struthiones, et pilosi saltabunt ibi, et respondebunt ibi ululae in aedibus ejus, et sirenes in delubris voluptatis.* »

« Mais les bêtes feront leur demeure, et dans celles de ces gens-là habiteront les autruches, et les poilus danseront, et les chats-huants répondront dans leurs demeu-res, et les Sirènes dans leurs palais de volupté. »

Dans cette énumération les Sirènes succèdent aux autruches et aux chats-huants. Le mot hé-breux *tannîm* a été traduit par les Sirènes. Par contre, là où les Septante ont traduit *sirenas*, Saint Jérôme a proposé *struthiones*. Dans un autre passage, il avait traduit le même mot par *dracones*, tandis que d'autres érudits avaient donné le nom *sirenae*.

Ainsi le nom de *sirenes* n'apparaît-il qu'une fois dans la Bible. Saint Jérôme a évoqué les difficultés d'une telle transcription. Dans ses commentaires du Livre d'Isaïe il s'explique sur ses traductions (tantôt « d'autruches », tantôt de « dragons ») et évoque la « *lamentabilis vox sirenarum, quae auditores suos ducunt ad mor-tem* », « la voix lamentable des Sirènes qui conduit ses auditeurs à la mort » ou ces « *sire-nae... quae dulci et mortifero carmine animas*

pertrahunt in profondum, ut saeviente naufra-
gio, a lupis et canibus devorentum », « ces
Sirènes... qui entraînent par leurs chants doux
et mortels les âmes dans l'abîme, pour y être
dévorées au milieu du naufrage par les loups et
les chiens. » La Sirène est donc une dévoratrice.

Le *Physiologus* apporte d'autres précisions.
Cette œuvre fort ancienne dont l'auteur est un
chrétien, et qui a été traduite du grec en latin,
amplifie les descriptions d'animaux de la Bible :

> « *Syrenae et daemonia saltabunt in
> Babylone, et herinatii et honocentauri habi-
> tabunt in domus eorum. Uniuscujusque
> naturam Physiologus disseruit. Syrenae,
> inquit, animalia mortifera sunt, quae a
> capite usque ad umbilicum figuram hominis
> habent ; extremas vero partes usque ad
> pedes volatilis habent figuram. Et musicum
> quodam ac dulcissimum melodie carmen
> canentia : ita ut, per suavitem vocis, audi-
> tus hominum a longe navigantium mul-
> ceant et ad se trahant, ac nimia suavitatis
> modulacione perlectant aures, ac sensus
> eorum delectantes in somno, subito inva-
> dunt et dilaniant carnes eorum ; ac sic per-
> suasione vocis ignaros et incautos homines
> decipiunt et mortificant. »*

« Les Sirènes et les démons danseront
dans Babylone, et les hyènes et les onocen-

taures habiteront ces demeures. Le Phisiologus a expliqué la nature de ces animaux fabuleux. Les Sirènes sont des animaux qui apportent la mort. Elles ont figure d'homme jusqu'au nombril et de volatile le reste du corps. Et elles chantent un chant très doux et mélodieux, de telle sorte qu'elles séduisent les navigateurs et les attirent, et par l'excessive suavité de leurs modulations, les charment, et délectant leurs sens les amènent au sommeil. Alors quand elles les savent dans un sommeil profond, subitement elles s'élancent et déchirent leurs chairs ; elles trompent et entraînent dans la mort les ignorants et les imprudents. »

Les Sirènes ont forme humaine jusqu'au nombril, et en dessous les attributs d'un oiseau. Elles sont présentées comme des charmeuses et des ensorceleuses, n'hésitant pas à se servir de leurs becs et de leurs griffes pour leur tâche repoussante.

Les *Bestiaires*, inspirés par le *Phisiologus,* évoquent une Sirène ailée, avec une tête de lion et une queue de poisson. C'est un monstre composite avec des appuis plus merveilleux que traditionnels.

Isidore de Séville en fait presque des romantiques :

« Sirenas tres fingunt fuisse ex parte virgines, ex parte volucres, habentes alas et ungulas (...) Alas autem habuisse et ungulas, quia amor et volat et vulnerat. Quae inde in fluctibus commotasse dicuntur, quia fluctus Venerem creaverunt. »

« On représente les trois Sirènes mi-jeunes filles, mi-oiseaux, ayant des ailes et des ongles. (...) On dit qu'elles avaient des ailes et des ongles, parce que l'amour vole et blesse. C'est pourquoi elles s'attardaient dans les flots qui ont créé Vénus. »

Leur nombre se précise, et les déesses de la mer se devinent peu à peu.

Le *Liber monstrorum*, catalogue des monstres de la mythologie gréco-romaine, écrit probablement entre le VIIe et le IXe siècle en pays anglo-saxon, est attribué par Thomas de Cantimpré à Aldhelm, abbé de Malmesbury. C'est la première apparition de la Sirène femme-poisson :

« Sirenae sunt marinae puellae, quae navigantes pulchenima forma et cantu dicipiunt dulcitudinis. Et a capite usque ad umbilicum sunt corpore virginali et humano generi simillimae, scamosas tantum piscum caudas habent, quibus in gurgite semper latent. »

« Les Sirènes sont des jeunes filles

marines, qui en naviguant trompent par leur très grande beauté et leurs chants doucereux. Elles ont des corps de vierges jusqu'au nombril, et les queues de poissons qui les terminent font qu'elles se cachent dans l'abîme. »

Si le *Phisiologus* a longtemps échauffé les imaginations, le VIIIe siècle fit connaître la faune de l'Orient. Les rois adorant les ménageries, on s'émerveillait devant les fauves, les chameaux et les oiseaux exotiques. Les récits des marchands et des voyageurs colportaient des prodiges et ravivaient les fantasmagories. La Sirène-poisson s'est insinuée peu à peu dans les versions tardives du Physiologus, et a influencé les bestiaires et les notices. Vers 1184, Alain de Lille écrit :

« *Illic in sirenum renibus piscis, homo legebatur in facie.* »
« Les Sirènes ont les reins d'un poisson, mais un visage humain. »

A la fin du XIIIe siècle, Jean de Gênes les range dans la même catégorie. Par contre, Jacques de Vitry en fait des femmes-oiseaux, « *unde intra aves marinas eas deputant, licet sint monstruosae* », « d'où l'on prétend qu'elles sont des oiseaux marins, malgré leur monstruosité ».

Comme si l'image n'était plus assez fabuleuse, certains érudits font de la Sirène à la fois une femme-oiseau et une femme-poisson. Ainsi Philippe de Taon dans son *Bestiaire*. En outre, la Sirène chante quand se déchaîne la tempête et pleure lorsque le temps est au beau. Vincent de Beauvais, s'inspirant d'Isidore de Séville, mentionne les Sirènes-serpentes de l'Arabie. Thomas de Cantimpré dans *De monstruosis hominibus*, montre la Sirène affublée d'ailes et de nageoires.

Défaites et malheurs des Sirènes.

Ces divinités de fable ont une histoire dont plusieurs épisodes sont connus. La tradition d'une vengeance de Cérès, conséquemment à l'enlèvement de sa fille, établit les Sirènes comme suivantes de Proserpine.

Allégorie, opération alchimique ou rapt mythologique, en voici le déroulement. Proserpine, dans l'Ile des Philosophes « aux rivages couverts de myrtes, de cyprès et de romarins », comme l'écrit le Cosmopolite, cueillait des narcisses avec les Nymphes de sa suite. Pluton la surprit, s'empara d'elle et l'enleva sur son char aux noirs chevaux jusqu'aux bords du Styx. Près d'un lac, la Nymphe Cyanée tenta de l'arrêter, mais en vain. D'un coup de sceptre le Roi des Ténèbres ouvrit le Chemin des Enfers. La Nymphe pleura et fut changée en eau.

Cérès chercha sa fille « par mer et par terre ». Arrivée près du lac funeste, elle vit le voile de Proserpine qui flottait à la surface. Aréthuse, la Nymphe d'une fontaine voisine, lui apprit que sa fille avait épousé Pluton, Jupiter ayant donné son accord. Cérès visita Jupiter et lui réclama leur fille. Pour que Proserpine puisse être rendue, il fallait que la déesse ait observé aux Enfers une stricte abstinence. Or, Ascalaphe révéla qu'il l'avait vue cueillir une grenade et en manger trois grains. Jupiter ordonna que sa fille passe six mois avec son mari et six mois avec sa mère. Cérès, satisfaite de ce jugement, partit pour Eleusis.

Parce que les Sirènes auraient été indifférentes à l'enlèvement de leur maîtresse, Cérès, pour les châtier, les aurait dotées d'un corps d'oiseau. Ovide, dans les *Métamorphoses,* avance une autre possibilité :

« Mais vous, filles d'Achéloüs, d'où vous viennent vos plumes et vos pattes d'oiseaux, quand vous avez un visage de vierge ? Serait-ce qu'au moment où Proserpine cueillait les fleurs printanières vous vous trouviez au nombre de ses compagnes, ô doctes Sirènes ? Vous l'aviez vainement cherchée sur toute la terre, quand soudain, pour que la mer eût aussi le spectacle de votre sollicitude, vous avez souhaité de pou-

46

voir planer au-dessus des flots avec des ailes pour rames ; les dieux ont été complaisants à votre prière et vous avez vu tout d'un coup vos membres se couvrir d'un fauve plumage, mais afin que vos chants mélodieux, faits pour charmer les oreilles, et que le talent naturel de votre bouche eussent toujours la même langue à leur service, vous avez conservé votre visage de vierge et la voix humaine. »

Les Sirènes furent fidèles à Proserpine, puisqu'après l'avoir cherchée sans succès sur terre, elles implorèrent les dieux pour avoir des ailes qui leur permettraient de ramer sur les mers. Curieuse requête, les ailes servant ordinairement à fendre l'air. Rendues furieuses par l'enlèvement de leur maîtresse, les Sirènes se seraient-elles installées sur leur funeste promontoire pour exercer leur pouvoir d'enchanteresses sur les voyageurs ?

Avec l'incarnation fort délicate de femmes-oiseaux, les Sirènes choisirent d'exercer leur séduction. Homère dans *l'Odyssée* montre la magicienne Circé donnant des conseils à Ulysse. Elle lui dit que les enchanteresses vivent sur des ossements que blanchit le soleil, et que, s'il veut passer sans encombre, il doit boucher les oreilles de ses marins avec de la cire, et se faire attacher au mât solidement, et que surtout ses compagnons ne cèdent pas à ses demandes d'être délié lorsqu'il succombera au charme de leurs voix. Ulysse raconte qu'il fut touché par « la douce harmonie de leurs chants » et voulut qu'on le détache. Mais ses compagnons ne cédèrent pas et le bateau gagna des eaux plus tranquilles.

Saint Maxime de Turin, dans une de ses homélies, rapproche le mythe d'Ulysse attaché à son mât face aux Sirènes, du mystère de la croix salvatrice.

Dans *Argonautiques* Orphée remplace Ulysse. Là, il y aura vraiment un combat musical. Les Sirènes, assises sur les rochers, tentèrent par leurs chants de séduire les Argonautes et de faire s'échouer leur vaisseau sur les écueils. Mais Orphée sortit la lyre que lui avait offerte Mercure et se mit à chanter. Tout comme les animaux féroces se couchaient à ses pieds et les arbres se penchaient pour mieux l'entendre, les Sirènes n'eurent plus qu'à se taire !

Un autre tournoi, qui entraînera une autre défaite, va s'organiser en présence de Jupiter, Junon et Minerve. Mais n'est-ce pas la fille de Saturne qui aurait encouragé les Sirènes à défier les Muses ? Quelle belle scène baroque que les trois Sirènes vêtues de robes pour cacher leur plumage, et debout sur leurs vilaines pattes d'oiseau jouant de la double flûte, de la lyre et chantant, ayant pour adversaires respectifs Euterpe, Erato et Polymnie. Hélas, les Sirènes furent vaincues ! Et comme si leur désespoir n'était pas assez grand, il fallut que les Muses les ridiculisent. Elles plumèrent les Sirènes comme de vulgaires volailles et se parèrent de leurs plumes ! Quand on sait qu'elles sont filles des Muses, le châtiment est cruel.

Les Muses et les Sirènes ont souvent été rapprochées. Les Muses sont des inspiratrices et les Nymphes des sources. De là, ces fameuses sources où l'on venait chercher l'inspiration. Elles sont les parties volatiles de la matière du Grand Œuvre.

Les Sirènes sont les rivales des Muses, avec tous les mauvais côtés : la vanité et la frivolité. Qui n'a pas opposé l'harmonie vertueuse des Muses à l'art pernicieux des Sirènes conduisant au plaisir et à la tragédie ? Ont-elles été punies par Aphrodite pour avoir préféré la virginité à l'amour ? C'est une transformation de l'eau en air, en tout cas son accompagnement, et surtout l'approche de la lumière des Nymphes animées par le feu et l'âme des morts. Car l'oiseau porte l'âme, du ciel à la lumière.

La divinité psychopompe et la Sirène-étoile.

Que dire de la fin terrestre des Sirènes, puisque la légende voulait qu'elles vivent tant que leur séduction ferait chavirer les cœurs. Les ruses

d'Ulysse et d'Orphée les condamnèrent. A quoi ?
A se précipiter dans la mer, elles pour qui les
fonds marins étaient un salon de réception ?
A se transformer en rochers ?

Cette disparition est bien plutôt une métamorphose. Vont-elles maintenant inspirer l'âme
des morts ? Leurs chants tresseront dans l'éther
le triomphe de la beauté. Sirènes initiatiques
se retournant dans l'assiette de la mythologie.
Le ventre de la tortue est une représentation
de la terre et le dos une représentation du ciel.

Les Sirènes sont des divinités psychopompes.
Leur rôle ingrat et malin va céder la place à la
sagesse, au dévouement et à la bonté. Elles
regardent les âmes tournoyer autour du péri-
carde de la terre, et surveillent les huit cibles
de l'harmonie. Leurs voix font tourner les
secrets du monde. Leurs ailes d'or sont l'essieu
sacré que les anges serrent entre leurs dents.

Cet aspect funéraire scelle les liens entre les
mythologies grecque, égyptienne et indienne.
Comment en effet ne pas songer aux Apsaras
du *Ramayana,* si proches des Néréides — le
radical Nereus dériverait du sanscrit Nara, eau.
En Egypte et en Chaldée, l'oiseau à tête
humaine figurait l'âme séparée du corps. Cet
oiseau vola jusqu'en Phénicie, Chypre et en
Grèce. Il quitta les bas-reliefs et les stèles de
l'Ancien Empire pour hanter, sous forme de
figurines en terre cuite les nécropoles de l'Asie

Mineure, ou se retrouver aplani sur les pièces de monnaie grecques. Suivre l'oiseau double à travers les arts sassanide, byzantin et copte — les beaux tissus usés qui dorment dans le trésor des cathédrales — ou musulman, avec les houris et les oiseaux de sang appelés hamah, apporte effroi et paix.

Que les Sirènes aient un corps d'oiseau ou une queue de poisson, leur voix reste humaine : « *Virgenie vultus et vox humana remansit* ». Hymne à la musique ! Lorsque les rayons du soleil touchent le dieu Memnon, les cantiques des prêtres s'élèvent. Memnon répond. Il écoute le balancement des Sirènes et le froissement des astres. Puisqu'il est vrai que le crépuscule crépite et que le soleil bruit lorsqu'il entre dans la mer.

Les Sirènes ont-elles été des astres ? Chanteuses parce qu'elles brillent, leur chant est un feu destructeur. Désespérées par leur défaite, dépouillées de leurs plumes, elles deviennent blanches comme des écueils. Elles sont devenues des initiatrices à la mort. Leurs chants sont couleur de lune. Sérénité, « *dolcissime* » des Seraines de mer dans *le Roman de la Rose*.

Mais que chantaient-elles ? Quels cantiques entonnaient leurs voix fraîches ? Vantaient-elles l'héroïsme et l'amour ou se complaisaient-elles en flatteries et en discours trompeurs ? Aristophane de Byzance pensait que le chant des

Sirènes agissait comme un poison ! Elles aimaient jouer de la flûte ou de la double flûte et de la lyre. Au Moyen Age, lorsqu'elles revêtirent leur costume marin, les artistes leur confièrent des flûtes traversières et des harpes. Ces maudites avaient le pouvoir de pénétrer tous les cœurs. Il ne faut cependant pas mettre sur le même plan les carnassières du *Physiologus* et les confidentes des dieux aux paroles prophétiques.

L'heure religieuse et les conquérantes.

Les Hellènes ont toujours pactisé avec la mer — que les Aryens nommaient : $\ddot{a} \lambda s$, la Salée — et la peuplèrent de mirages. Le premier grand dieu de ces conquérants et de ces marchands fut Poséidon. Ils n'étaient pas sans ignorer que leur civilisation s'était affirmée grâce à la mer. Leurs héros étaient des écumeurs de mer, comme Jason et Ulysse. Les Sirènes devinrent facilement des sorcières de l'âme.

Elles ont été des « démons de midi ». Midi l'heure des fantômes aux temps païens, l'heure religieuse de la tranquillité, l'heure de la solitude pour les défunts. Ce point — à l'heure sans ombre — est celui des offrandes et des attaques, car les Filles des Eaux profitent de la somnolence des mortels pour les séduire. Ainsi lorsqu'Ulysse approche de l'île des Sirènes, le soleil est au plus haut dans le ciel — instant plus terrible que les ténèbres — et fait fondre la cire protectrice. Le vent est tombé, la mer est calme et les marins redoutent l'insolation : « Soudain la brise tombe ; un calme sans haleine s'établit sur les flots qu'un dieu vient endormir. » Les Sirènes ont tendu leur guet-apens. Elles ont le pouvoir de suspendre le vent, favorisant ainsi les images folles. Cette atmosphère de fièvre et de lascivité se réfléchit sur le miroir de la mer.

D'ailleurs, en Grèce antique, ni les beffrois ni les pendules ne sonnaient les douze coups de midi. Les os blanchissent dans la terre noire. La Sirène est l'oiseau-âme qui a retrouvé la féminité. Si elle est représentée tenant une fleur de lotus, c'est que le suc de lotus produit des effets semblables à leurs voix enchanteresses.

En ont-ils déjà vu ?

La vanité crée souvent des miracles. Les voyageurs ont laissé des récits dans lesquels le crâne des moines et la mitre des évêques se sont combinés avec un habitant des mers qui se prêtait très bien à cette mascarade : le phoque. Ces monstres à figure humaine devinrent les moines et les évêques de mer. Que de poissons n'a-t-on pas vus voler, aboyer ou imiter les Dames ?

Dans l'Antiquité, les Sirènes se montrèrent en Egypte — l'épervier à tête humaine fut dès la V⁰ dynastie, l'hiéroglyphe de l'âme. Lycosthène écrit :

« Le troisième jour, au lever de l'aurore, une créature, sous la forme d'un être du sexe féminin, car sa constitution ne laissait aucun doute à cet égard, sortit des ondes. La douceur de son visage, la longueur de ses cheveux, la conformation des autres parties de son corps, ses cheveux moitié relevés, moitié flottants, la beauté de ses formes, tout indiquait que c'était une femelle ; mais ses cheveux tiraient sur le noir, sa figure était blanche, son nez de médiocre grandeur, et les doigts de ses mains convenables ; de tendres lèvres fleurissaient sur sa bouche ; son sein était légèrement gonflé, et, par suite d'une puberté récente, on pouvait voir que ses mamelles étaient un peu saillantes. Le fleuve cachait les autres parties féminines, mystère de la chambre nuptiale. »

Après l'effroi, le sein des ondes engendre la béatitude. Tant d'histoires amusantes se colportent sur ces femmes marines que l'on va jusqu'à chasser à coup de canne pour qu'elles disparaissent !

Les pêches miraculeuses aboutissaient à des exhibitions — comme cette Néréide de la grandeur d'un enfant de deux ans que Scaliger disait avoir vue à Parme dans la boutique d'un orfèvre — à des expériences magiques — on brûlait des écailles de Sirène qui, paraît-il, dégageaient une odeur infecte — ou à des fantaisies macabres : au XIIIe siècle, le docteur Antonin Vallisner s'exprimait comme suit :

« Je vous présente, illustre président, l'image d'une main de Sirène qui nous est récemment arrivée des Indes. Vous verrez par là combien la nature a quelquefois de singuliers caprices, et vous avouerez qu'on ne s'éloigne pas de la vérité, lorsqu'on affirme qu'il y a des poissons à l'effigie humaine, principalement dans la partie supérieure du corps. Je possède également quatre côtes, plus grandes que celles de l'homme, ainsi qu'une autre main armée de griffes plus longues et plus crochues. »

Mais ce n'est pas tout. Athanasius Kircher dans *Magnes, sive de Arto Magnetica* (1641) affirme que les os de la Sirène et des monstres marins ont une vertu médicinale : « celle d'arrêter et d'attirer le sang ». La Mandragore-Sirène obtenue d'après la recette d'Avicenne dans le *Petit Albert* procurera à son possesseur et fabricant la richesse, grâce à des rêves lui ayant révélé l'emplacement de trésors cachés.

La Sirène alchimique.

Tout comme la terre, le mythe fera sortir les secrets du Grand Art de ses riches entrailles. Enrichir l'allégorie !

De la grandeur et décadence des Sirènes, l'Adepte tirera l'union du soufre naissant et du mercure commun dans le mercure philosophique. Les yeux d'or traversent les mailles du filet.

Adeline, dans la partie alchimique de son ouvrage : *Les Sirènes* écrit :

> « Ce que nous pouvons affirmer est que le soufre naissant est le corps-poisson (ou le corps ailé antique) de la Sirène dans son univers, mer et air. C'est-à-dire qu'il s'agit d'une matière chymique dans son contexte : la mer, le Sel de Sagesse. Ce soufre naissant est le principe actif de l'Œuvre ; cette image du poisson étant utilisée comme une convention à la fois très pratique, très évidente, et très hermétique pour indiquer cette pêche, cette recherche des matières à enlever, à déplacer, à modeler au cours des étapes. »

La Sirène est soleil, l'or de midi, descendante de Sirius. Elle fend les vagues de la mer et rassemble les messages des dieux.

> « La Vierge est le haut du corps de la Sirène, du moins, son visage. La Vierge-Sirène est cette femme opulente et superbe, musicienne, cet être intérieur, obscur, double comme la lune, poétique et inquiétante. »

La lune, en effet, est le mercure commun, composé de terre mercurielle pure et de terre métallique. Mais la Sirène est fille d'Isis, l'eau mercurielle, mère et principe des choses :

« C'est de cette lune que se forme l'autre, ou l'Isis, sœur et femme d'Osiris, c'est-à-dire cette même eau mercurielle volatile, réunie avec son soufre, et parvenue à la couleur blanche après avoir passé par la couleur noire de la putréfaction. »

Nous ne reviendrons pas sur la Sirène nageant dans l'onde noire, à la planche III du *Mutus Liber*. Cercles concentriques, empyrée rectiligne et mer pyramidale, jet de ligne furent évoqués dans notre ouvrage : « *Les courtisanes de la mer* » :

> « La moitié de son corps est en flammes, un feu de sel. Quant à l'eau qui soudain ne veut plus parler, couleur de mercure, elle berce la Sirène. »

« Je ferai de vous des pêcheurs d'hommes »,
s'écria Jésus sur les bords de la Mer de Galilée.
N'est-ce pas la prophétie d'Habacuc qui précisément s'est déployée :

> « Il prend tout à l'hameçon — il le tire
> avec son filet — le rassemble dans ses rets
> — et c'est pourquoi il est dans la joie ; il
> jubile : — C'est pourquoi il sacrifie à son
> filet — et il offre de l'encens à ses rets. »

L'hameçon qui fouille « la mer du vice » et
« l'onde ennemie » selon Saint Clément
d'Alexandrie. Aux déchirements et aux tortures
du cœur le filet qui s'élève succède le salut dans
la gloire du Seigneur.

Pourtant dans la symbolique chrétienne, la
Sirène est l'image de Satan. Elle s'oppose au
Christ-Pêcheur :

> « Comme Lui elle pêche le Poisson
> fidèle ; comme Lui le prend par la dou-
> leur ; mais alors qu'il élève sa proie au-
> dessus des eaux pour une autre existence
> heureuse, elle, au contraire, l'entraîne au
> fond des eaux pour un avenir de malheur
> permanent [5]. »

Le château de Plessis-Bourré « le plus élégant, le plus exquis, le plus parfait des châteaux

de l'Anjou » comme l'a écrit le chanoine Urseau recèle une clef d'or : « Une Sirène voluptueuse, nue jusqu'à la ceinture, étale sa longue queue de poisson. Elle tient un peigne de la main gauche, et, de la main droite un miroir. » Le château a été construit dans le dernier tiers du xve siècle par Jean Bourré, secrétaire et trésorier du roi Louis XI. S'élevant au milieu d'un étang, c'est en effet une des belles et secrètes demeures de France pour ce qu'elle contient « le mieux aysé et le mieulx bâti » selon le chroniqueur angevin Jehan de Bourdigné. La salle des gardes est au premier étage du château. Un plafond composé de six panneaux divisés en quatre compartiments domine la pièce entière de ses merveilles. C'est dans un des compartiments du troisième panneau que se pavane la Sirène noire et enceinte.

La noirceur est le symbole de la dissolution. Mort et perdition. Ainsi surgit Pluton et ses chevaux noirs. Par contre, l'enlèvement de Proserpine distille un bel éclairement. La déesse porte la lumière, matière encore volatile mais blanche, sortie des ténèbres. D'ailleurs elle cueille des narcisses, et Pluton l'enlève lorsque la fleur est cueillie. D'autres couleurs vont se succéder avant le noir de l'enfer : la Nymphe Cyanée est céleste ou bleuâtre, et son impuissance à retenir le char de Pluton indique « que la matière devenue bleuâtre continue de prendre une couleur plus foncée jusqu'au noir qui lui succède. » Cérès, la matière des philosophes, voit sur le lac mercuriel flotter le voile de sa fille : la blancheur point lorsque s'éclaircissent les ténèbres. Ne songe-t-on pas alors aux précisions apportées par Nicolas Flamel :

« J'ai fait peindre un champ azuré et bleu pour montrer que je ne fais que commencer à sortir de la noirceur très-noire : car l'azuré et bleu est une des premières couleurs qui nous laisse voir l'obscure femme, c'est-à-dire l'humidité cédant un peu à la chaleur et sécheresse... la femme a un cercle blanc en forme de rouleau à l'entour de son corps, pour te montrer que notre *rebis* commencera à se blanchir de cette façon, blanchissant premièrement aux extrémités, tout à l'entour de ce cercle blanc. »

Lorsque Cérès rejoint Jupiter, la matière se volatilise. Un éventail de couleurs s'entr'ouvre : le gris succède au noir, et le blanc réapparaît. Les grains de la grenade — le rouge — se manifestent sur le blanc, la fille de Jupiter et de Cérès. Les Sirènes sont les parties qui se volatilisent avec ces différentes couleurs.

LES FÉES DES EAUX

CHAPITRE II

Naissance de Mélusine.

La légende de Mélusine déroule ses méandres dans « Le Roman de Mélusine, fait par le commandement de Jean, fils du roi de France, duc de Berry et d'Auvergne en 1387 à Lyon. »

Elinas, roi d'Albanie, venant de perdre son épouse, chassait pour dissiper son chagrin. Il s'approcha d'une fontaine, et soudain entendit une voix mélodieuse sortir des eaux. Il vit alors apparaître une belle dame : la Fée Pressine. Il la salua et voulut lui parler. Un page mena à la Fée un cheval richement harnaché. Elinas l'aida à monter et elle s'en fut. Mais le regret de l'avoir laissée partir lui rongeait le cœur, et le roi s'élança sur les traces de Pressine. Il finit par la rejoindre. A la nuit tombée, il l'invita à se reposer dans son proche pavillon de chasse.

Le roi lui confia qu'il avait perdu sa femme tendrement aimée, et qu'une personne telle qu'elle-même était une bénédiction, et serait digne d'essuyer ses larmes et de panser les blessures de son cœur. La Fée fut ravie. Se retirant dans leurs chambres pour sommeiller, ils font des rêves magiques. Le matin, Elinas demanda à Pressine de l'accompagner à Scutari, capitale du royaume. Un accueil enthousiaste leur fut réservé. Fatalement le roi lui proposa le mariage. Elle accepta, mais il dut s'engager à ne jamais assister à la naissance de ses enfants, sous peine de châtiments éternels. Il s'engagea à respecter ce serment.

Le mariage fut grandement célébré, mais des seigneurs de son entourage, insensibles aux charmes de la Fée, s'inquiétèrent de le voir épouser une inconnue.

La reine donna le jour à trois filles jumelles : Mélusine, Mélior et Palatine. A cette nouvelle que lui délivra un messager, le roi qui guerroyait, accourut et se précipita au chevet de son épouse qui baignait ses filles. Hélas ! Il rompait le serment ! Pressine lui dit qu'elle ne pouvait plus demeurer à ses côtés, et qu'un descendant de sa sœur, souveraine de l'Ile Perdue la vengerait. Elle partit avec ses trois filles, tandis que le roi pleurait.

Il se lamentait tant et tant que certains disaient qu'il avait perdu l'esprit et qu'il était ensorcelé. Quant à Pressine, loin d'avoir oublié Elinas qu'elle aimàit, chaque matin elle montait sur un sommet avec Mélusine, Mélior et Palatine, et en un geste tragique leur désignait l'Albanie, le pays de leur naissance, en ajoutant toutefois que leur père avait failli à sa parole. Lorsqu'elles furent jeunes filles, elle leur conta la « trahison » du roi.

Impétueuses, leur sang charriant les volontés d'une Fée, elles décidèrent de venger leur mère. Elles retournèrent en Albanie, détrônèrent Elinas, l'enlevèrent et l'enfermèrent avec les trésors royaux dans la montagne de Brandelois. Fières de leur méchanceté, elles contèrent à la Fée leur équipée et le châtiment infligé au roi. Pressine, loin de se réjouir, leur dit qu'elles seraient punies, car ce n'était pas à elles de châtier le roi, et surtout Mélusine qui avait entraîné ses sœurs.

C'est ainsi qu'elle fut condamnée à subir tous les samedis une étrange métamorphose. Elle deviendra serpente à partir de la taille. Le châtiment prendra fin lorsqu'un chevalier la prendra pour épouse, en lui promettant toutefois de ne jamais la visiter le samedi.

Mélusine, Mélior et Palatine, chassées par leur mère, allèrent vers leur cruelle destinée.

*
**

Mélusine, en quête d'un libérateur, voyagea, et visita les Fées de la forêt de Coulombiers en Poitou. Une onde limpide s'écoulait d'une grotte et traversait une prairie : la Fontaine-des-Fées. Ce fut là qu'elle choisit de s'établir, sous la protection des Fées, qui lui promirent qu'elle règnerait sur cette contrée quand elle aurait rencontré son sauveur.

Le chevalier ne tarda point à apparaître. Raymondin, fils du comte de Forest, qui participait aux tournois que donnait son oncle le comte de Poitiers, était né pour sombrer dans cette énigme. Lors d'une partie de chasse au sanglier, Raymondin blessa un énorme animal. Malgré les supplications de son oncle, il s'acharna à poursuivre le sanglier furieux. La nuit l'obligea à s'arrêter. Le comte de Poitiers le rejoignit. Passionné d'astrologie, il dit au jeune homme, en observant les astres, que si maintenant un sujet tuait son souverain, il deviendrait le plus grand des seigneurs. Raymondin se rebella, affirmant que jamais le Ciel ne récompenserait un tel crime. « Les desseins de Dieu sont impénétrables ! » s'entendit-il répondre. Un craquement se produisit dans les fourrés. Le sanglier bondit. Le comte s'avança vers lui, un épieu à la main, et transperça la bête. Raymondin, voulant l'achever, brandit son épée et frappa. La lame glissa sur le dos de l'animal et transperça la poitrine de son oncle.

Désespéré, le jeune chevalier errait à cheval dans la forêt. Peu à peu, les voix des Fées le sortirent de ses tristes pensées, et il aperçut Mélusine semblable à Diane au milieu de ses Nymphes, qui, offensée par son indifférence, s'était approchée.

Calmant les inquiétudes de Raymondin, elle s'employa à faire parler son cœur. Le jeune homme sentit l'admiration et l'amour l'envahir. Mélusine avait réussi. Il demanda la main de celle qui lui affirma croire « en sainte catholique foy », et accepta de respecter le mystère du samedi.

> *Vous me jurerez Dieu et s'image*
> *Que me prendrez en mariage.*

et :

> *Et que jamais jour de vo vie*
> *Pour parole que nul ne dic,*
> *Le samedy n'enquerrez*
> *N'enquestez aussi ne ferez*
> *Quel pont le mien corps tirera*
> *N'où il yra ne qu'il fera*
> *Et aussi je vous jureray*
> *Qu'en nul mauvais lieu je n'iray.*

67

Sur les mauvais conseils de Mélusine, Raymondin obtint du nouveau comte de Poitiers, autour de la Fontaine-des-Fées, autant de terrain « qu'en pourrait enceindre la peau d'un cerf ».

Cette peau de cerf fut découpée en courroies par la fille d'Elinas, et enserra un territoire qui n'avait pas moins de deux lieues de circonférence. L'emplacement de leur domaine était choisi. Ils bâtirent le château de Lusignan sur la roche d'où jaillissait la Fontaine-des-Fées.

C'était une imprenable forteresse que fit détruire Henri II, et dont Marie de Médicis ne put visiter les ruines sans regretter « cette perle antique de toutes ses maisons ».

Brantôme en parle en ces termes des retours de Mélusine :

> « ... Le chef-d'œuvre de cette maison, et faite (qui plus est) par une telle dame, de laquelle il s'era fit faire (l'empereur Charles) plusieurs contes fabuleux qui sont là fort communs, jusqu'aux bonnes vieilles femmes qui lavaient la lessive à la fontaine, que la reine-mère voulut aussi interroger et ouïr. Les unes lui disaient qu'elles la voyaient quelquefois venir à la fontaine pour s'y baigner en forme d'une très belle femme et en habit de veuve ; les autres disaient qu'elles la voyaient, mais très rare-

ment, et ce les samedis à vêpres (car, en cet état, ne se laissait-elle guère voir) ; se baigner moitié le corps d'une très belle dame, et l'autre moitié en serpent. Les unes disaient qu'elles la voyaient se promener toute vêtue, avec une très grave majesté, les autres qu'elle paraissait sur le haut de sa grosse tour en femme très belle et en serpent. Les unes disaient que quand il devait arriver quelque grand désastre au royaume ou changement de règne, ou mort et inconvénient de ses parents, les plus grands de la France, et fussent Rois, que trois jours avant on l'oyoit crier d'un cri très aigre et effroyable, par trois fois. »

Ainsi Raymondin, tout comme Elinas, épousa une gracieuse personne qu'il connaît à peine. Quelle est la Maison de Votre Dame ? lui demanda l'accommodant comte de Poitiers.

> *De son lignage n'ay enquis*
> *S'elle est de duc ou de marquis,*
> *Plus belle ne fu d'ueil*
> *Celle me plaît et je la vueil.*

On ne peut être plus décidé !
Le mariage fut d'un tel luxe — toilettes, vaisselles et pierreries — que le comte crut voir cligner l'œil du Malin. Mais la cérémonie demeura

très solennelle. Pendant quinze jours, tournois, bals et chasses se succédèrent.

Les enfants de Mélusine et Raymondin — d'un chevalier et d'une moitié femme et moitié serpente — furent affublés de difformités.

Guy avait un œil rouge et l'autre bleu, d'immenses oreilles, et « le visage court et large à travers ». Regnault n'avait qu'un œil, mais une vue perçante. Odon avait une oreille plus grande que l'autre, et Urian un œil plus haut que l'autre. Sur la joue d'Antoine, on remarquait une griffe de lion. Sur le nez de Froimond, une tache velue comme la peau d'une taupe. Geoffroi avait une dent énorme qui lui sortait de la bouche. Horrible avait trois yeux, dont l'un était au front.

Leur valeur sut éclipser ces disgrâces physiques. Ils devinrent des chevaliers héroïques et pieux. Enfin ! Geoffroi incendia tout de même un couvent dans lequel son frère s'était réfugié. Ils parcoururent les lointaines contrées de Bohême, Chypre et Arménie. Urian épousa la fille du roi de Chypre, Guy celle du roi d'Arménie, et Regnault celle du roi de Bohême. Antoine épousa la duchesse Christine de Luxembourg. Ils entassèrent les trônes. Leur gloire rayonna dans tout l'univers.

Tant de bonheur ne dura pas. Le frère de Raymondin, qui désirait tant voir Mélusine, arriva un samedi au château de Lusignan. Mélusine ne parut pas. Fâché d'une telle impudence, et probablement jaloux de la prospérité de Raymondin, le comte fit l'étonné et voulut en savoir plus. Raymondin lui révéla la condition que Mélusine avait mise à son mariage. Le comte lui répondit que Mélusine consacrait le samedi à son amant. Une telle supposition brisa le cœur de Raymondin, qui, oubliant sa promesse, courut apaiser ses soupçons. Il descendit dans le souterrain où Mélusine se retranchait, fit une ouverture dans la porte avec son épée. Que ne fut-il pas surpris quand il vit sa femme dans une baignoire en marbre, nue jusqu'à la ceinture, le reste du corps terminé par une queue de serpent !

Quand elle l'aperçut, son visage devint effrayant et elle proféra de terribles paroles : « Malheur, malheur à ta postérité ! En butte aux plus cruels fléaux, elle arrosera de son sang ces vastes domaines, dont tu espérais lui laisser la paisible jouissance, et dont elle ne conservera que de faibles débris. Le seul Geoffroi à la grande dent sera digne de son origine, et soutiendra l'honneur des Lusignan. »

Ensuite elle se ressaisit, et trouva des mots plus touchants :

Adieu mon cuer, adieu m'amour,
Adieu mon ami gracieux,
Adieu mon joyau précieux,
Adieu le bon. Adieu le doulx,

Adieu mon gracieux époux,
Adieu mon amy de mon cuer,
Dieu t'ait et Dieu te consault.

Mélusine se métamorphosa. Sa peau se couvrit d'écailles, ses bras devinrent des ailes et une queue de serpent de huit pieds se déroula au bas de son corps. Elle s'envola, fit trois fois le tour du château en poussant des cris et disparut.

Les déguisements de Mélusine.

Mélusine est aussi une bâtisseuse.

Presque tous les majestueux édifices élevés pendant le Moyen Age jusqu'à la Renaissance sur le sol du Poitou, furent attribués à Mélusine. Cette éclosion de donjons et de tours était miraculeuse, et il n'en fallut pas plus pour que les paysans croient que les pierres obéissaient à la baguette des Fées. Les Demoiselles se sont toujours livrées à d'étonnants travaux nocturnes : construction de châteaux, d'églises, élévations de pierres, jonchées dans les plaines.

La dorne, le tablier qui lui sert à transporter les matériaux sacralise Mélusine et la rapproche de la Vierge avec son « devanteau de mousseline ».

Lorsque son tablier trop chargé craque, des buttes de pierres ou de terre se forment. Les paysans les appellent « les dornées » de la mère Lusine. En une nuit, elle peut bâtir « sept tours avec trois dornées de pierres et une goulée d'eau. » Elle avait bâti en deux jours, sur un rocher, une chapelle dédiée à la Vierge, et l'escorte du comte de Poitiers venant assister au mariage, fut bien étonnée d'apercevoir l'église et un ensemble de fastueux pavillons. Mélusine avait fait naître une ville dans cette vallée perdue !

Construire est un acte sacré. Mélusine, comme toutes les Filles des Eaux étant une divinité double, possède l'autre face maudite. Elle est parfois destructrice.

Lorsque la guerre de Cent ans détruisit tant de belles forteresses, les gens des campagnes crurent à un châtiment des Fées. Mais il ne faut surtout pas les surprendre en plein travail !

« Les vieilles gens du Pays d'Aunis racontent que, par une nuit de tempête, une pauvre vieille femme, harassée de fatigue, vint frapper à la porte du manoir de Châtelaillon et demander l'hospitalité. Malgré l'heure avancée et sans s'arrêter aux dangers que la voyageuse pouvait courir, le seigneur refusa d'ouvrir. Mal lui en prit, celle qui était venue réclamer un si faible service n'était autre que la puissante Mélusine. Furieuse de sa mésaventure, elle se dresse en face de la forteresse et à la lueur des éclairs, elle lui jette sa malédiction. Puis, arrachant quelques pierres à la falaise, elle adjure la mer de continuer son œuvre et de détruire cet arrogant donjon jusque dans ses fondements. A compter de ce jour, Mélusine revint souvent joindre ses efforts à ceux de l'Océan. C'était à Maillezais qu'elle transportait dans les plis de sa robe les débris des murailles renversées, destinés cette fois à la magnifique cathédrale dont on admire encore les restes. Souvent la fatigue lui faisait abandonner sur la route les énormes moellons arrachés à la ville ensevelie sous les flots. »

Mélusine peut s'opposer à la construction d'un château, ou au contraire, sauver de la destruction les édifices qu'elle a bâtis.

Mélusine est une banshee. Elle est annonciatrice d'une mort prochaine. Dans ce cas, comme le petit homme rouge des Tuileries ou les Dames Blanches, elle apparaît.

Elle prend alors l'apparence d'une vieille femme, ou elle s'impose dans sa forme de serpente. Ces apparitions sont-elles les manifestations désespérées d'une antique divinité qui succomberait sous le poids de ses constructions ?

Sinistre pratique que celle qui demande du sang humain pour apaiser les génies agrestes et les rendre favorables à l'élévation d'une demeure sur leur territoire. Pour que le bâtiment soit solide, il faut « baigner les fondations ».

*
* *

Mélusine est aussi une déesse. Est-elle une personnification de la nuée pluvieuse ?

> « Une fontaine monumentale, construite au XVIᵉ siècle dans la cour principale du château de Vouvent, en l'honneur de Mélusine, était uniquement alimentée par l'eau de pluie qu'on recueillait dans une vaste cuve placée au niveau du second étage. La fontaine se composait d'un bassin supporté par quatre serpentes ; au-dessus Mélusine tenant un miroir d'une main et un peigne de l'autre, lançait des filets d'eau par les seins. »

Les bienfaisantes *matronae,* après être passées dans le sablier du christianisme, devinrent funestes. Après avoir veillé sur les fontaines, voilà qu'elles y noient les enfants !

La mère Lusine est une déesse-mère isolée. Elles ne formaient d'ailleurs pas toujours des triades. La fée celtique n'est pas loin, qui hante les fontaines, dispense l'abondance, fait pousser les récoltes, protège les maisons et les champs. Elle ne dédaigne pas les présages, et possède des baguettes magiques et des anneaux merveilleux.

Les origines orientales de Mélusine.

Les croisés auraient-ils ramené Mélusine entre leurs rêves et leurs fatigues ?

Dorcéto ou Atagartis, la Grande Déesse syrienne, rayonna sur le monde antique. Les croisés furent certainement éblouis à Ascalon, par sa beauté et sa majesté. C'était une déesse de la fécondité et une protectrice de villes, deux traits que l'on retrouve chez Mélusine. Dorcéto avait une queue de poisson, mais, filiation lunaire, par assimilation à Astarté, elle était adorée sous la forme d'une colombe dans son temple de Paphos. Parfois Mélusine sera une pie.

Il y aurait ainsi plusieurs Fées réunissant les caractéristiques suivantes : mère de nombreux enfants, fondatrice d'une puissante race guerrière, bâtisseuse, magicienne ayant épousé un mortel, pouvant voler, mais pourvue d'un terrible secret.

Les rois de Chypre étaient les époux ou les amants de la Grande Déesse, une des images d'Atagartis. Une branche des Lusignan régna même quatre siècles sur l'île, du XIIe au XVe siècle. Libusé, fondatrice du royaume de Bohême, créa la ville de Prague, bâtit des châteaux, épousa un laboureur et devint l'ancêtre d'une famille royale : les Prmyslides, prédisant l'avenir et protégeant ses descendants, mais elle n'avait pas été victime d'un enchantement. Les Dames Blanches de Bohême, prédisent l'avenir, veillent sur leurs descendants, construisent peu de châteaux, mais par contre se métamorphosent en femme-poisson et en serpente et sont très malheureuses.

En plus de ces caractéristiques, Mélusine est chrétienne. La foi des croisés aurait-elle paré le vieux mythe asiatique d'un nouvel atour ?

Que penser de la belle légende hindoue de la grenouille Bhiki, qui transformée en jeune fille idéale, consent à épouser un roi, à la condition qu'il ne lui montre jamais une goutte d'eau ? Ayant un jour très soif, elle supplie qu'il satisfasse son désir. Le roi, oubliant sa promesse, lui offre de l'eau. La Fée disparaît sur-le-champ.

Mélusine n'est peut-être pas seulement une descendante de la déesse syrienne. Ces êtres mi-femme, mi-poisson hantaient les Slaves bien avant les croisades.

Sans parler des Russalky, la figure de Mélusine, avec ses ailes de chauve-souris et sa queue de serpent, était très populaire en Tchécoslovaquie, et passait pour être originaire d'Orient. On pouvait encore la voir, il y a une quarantaine d'années, peinte ou sculptée, suspendue au plafond des épiceries dans les vieux quartiers de Prague.

Du cri au souffle du démon, il n'y a guère, et les Tchèques firent de leur serpente un démon du vent. D'ailleurs, en Moravie, Mélusine est le nom d'un vent. Or les Fées du vent et de la tempête sont des bâtisseuses.

Dans la mythologie indienne, Milushi, qui a été parfois comparée à Mélusine, a des pouvoirs sur la pluie et la tempête.

Les Russalky habitent les fleuves et la mer Noire. Elles ont de longues chevelures blondes. Un de leurs bras est terminé par une main humaine, l'autre par une nageoire de poisson. Elles sont femmes jusqu'à la ceinture, et leur corps se termine par une queue de poisson. Elles composent et chantent des chansons.

La légende de Mélusine a-t-elle été apportée en Gaule par les Indo-Germains ou les Scythes ? Car ce mythe présente quelques traits du culte religieux de ces peuples.

Une fable scythique a été conservée par Hérodote et par Pomponius Méla. La voici :

A son arrivée en Scythie, Hercule fut surpris par un orage violent. Il faisait très froid. Il étendit alors sa peau de lion et s'endormit. Pendant qu'il dormait, ses juments disparurent. A son réveil, il les chercha dans tout le pays.

A Hylée, il rencontra dans un antre, un monstre « composé de deux natures » : femme jusqu'à la ceinture, serpente le reste du corps. Il lui demanda si elle n'avait pas vu ses chevaux.

« Je les ai chez moi, et ne vous les rendrai que si vous habitez avez moi » lui répondit-elle. Hercule accepta. Mais elle ne lui rendit pas les juments, car elle voulait garder près d'elle le héros le plus longtemps possible.

Un jour elle lui dit : « Trois enfants sont nés de vous. Faudra-t-il les établir dans ce pays dont je suis la souveraine, ou dois-je les renvoyer ? » Et elle lui rendit les chevaux.

Hercule lui précisa que lorsqu'ils auront atteints l'âge viril, elle devra retenir celui qui bandera l'arc et ceindra le baudrier. Il fixera là sa demeure. Celui qui ne pourra exécuter aucune des deux conditions quittera le pays, mais il rapportera la gloire. Il remit à la serpente un arc et une coupe en or. L'aîné des fils Agathyrsus et le suivant Gelonus ne purent supporter l'épreuve et furent chassés. Scythès, par contre réussit, et établit la descendance des rois scythes. Les Scythes portèrent toujours une coupe en bas de leur baudrier. Là encore, un être surnaturel est à la souche d'un grand peuple.

La pluie, les pâtisseries et le culte des arbres.

Mélusine fut la banshee des Lusignan. Elle protégea le château et fit de funèbres apparitions pour annoncer la mort des seigneurs. Elle poussait alors trois cris effroyables. Par ses nombreux enfants, elle devint l'ancêtre des plus puissantes maisons féodales.

Elle personnifie à la fois les nuages et la pluie, et n'est pas sans rappeler Holda, la chasseresse germanique, qui en plus représentait l'hiver et la nuit.

Palatine garde le trésor d'Elinas, telle une *âpah*, déesse des eaux célestes. Elle est la pluie au sein du nuage. L'épervier que Mélior garde dans un château d'Arménie, est le messager céleste qui apporte l'éclair. Alors le nuage s'ouvrira et le plus précieux des dons de Varuna jaillira.

Pressine est sans doute la déformation de Persine, le nom qui désigne « la verte déesse des forêts ». Vert est la couleur des Fées, et Mélusine avait les yeux pers.

« Les gâteaux d'une forme particulière », fabriqués à Lusignan, que l'on mange à la foire de la Font-de-Cé le lundi après la Pentecôte, s'appellent des Mères Lusines. Il y a aussi les échaudis ou échaudés, qu'après avoir pétris, on plonge dans l'eau bouillante avant de mettre au four. Les Mélusines, gâteaux au beurre et au sucre, peuvent mesurer un mètre de long. La Fée tient un peigne dans une main et porte l'autre à sa tête. Elle a une queue de poisson et son corps est recouvert d'écailles.

Tout comme le culte des fontaines, le culte des arbres fut cher à nos ancêtres. Le Moyen Age a souvent repris, en les modifiant, les traditions de l'Antiquité.

Quelles sont les Fées des arbres ?

D'abord les dryades des chênes, arbres consacrés à Jupiter. Elles ont une chevelure flottante, et tiennent une hache à la main pour punir celui qui saccage les arbres. Ensuite, les méliades des frênes, les commodères et les sylvaines.

Leur culte est associé à celui de Diane. Ces Fées se mêlent aux hommes, se métamorphosent et ont le don de prophétiser. Elles aiment danser autour des arbres, mais ne prennent jamais part aux cortèges divins.

Le culte des arbres est proche parent de celui des eaux. Les feuillages aiment à se mirer à la surface des fleuves ou des étangs.

Le chêne vert ou l'yeuse — *ilex* en latin — a souvent rivalisé avec le chêne. L'eusine, dans le vocabulaire de Saintonge, désigne l'yeuse. Lorsque les Lusignan ont découvert dans le parc voisin de leur château de Cognac, la Mère l'Eusine, ils firent certainement le rapprochement avec les abréviations : Lezin, Lezigne qui figuraient dans leurs chartes et sur quelques-uns de leurs sceaux. Ils prirent le nom que l'on donnait au chêne vert pour emblème familial et firent de la Fée qui veillait sur lui une aïeule fabuleuse.

Un glissement de mot l'yeuse disparaissant au profit de l'eusine suffit-il pour faire de Mélusine une Fée sylvestre ? Surtout si l'on sait que les dryades avaient des torses de femme qui se terminaient par des arabesques figurant les racines de l'arbre, et que la racine n'est pas loin du serpent.

Artémise, fille du Titan Persée, avait une coiffure de serpents et de lumière et elle tenait dans sa main une branche de chêne.

Mélusine déesse lunaire.

Les anciens représentait Isis avec le visage d'une femme. Un serpent s'enroulait autour de ses jambes et semblait vouloir boire le lait de ses mamelles.

Le croissant ou le serpent, la partie inférieure du corps, participe du cycle de la lune. Le beau visage couronnant la partie supérieure est l'image de la pleine lune.

L'année des Gaulois était une année lunaire. Ils commençaient leurs mois, année et siècle à partir du sixième jour de la lune qui était le jour des cérémonies. Toute occupation profane ce jour-là était bannie, tout comme pour Raymondin qui ne pouvait visiter son épouse le samedi. Alors les Druides coupaient le gui avec leur faucille-lune. Le samedi, sixième jour après le lundi, dies lunae, était le jour supposé de la naissance de la lune.

Mélusine offre une image contraire au mythe solaire : en effet, elle porte la dorne devant elle. C'est dans ce tablier que se forment les nuages.

Elle construit au clair de lune, acheminant les matériaux dans son tablier de mousseline. Elle renverse les constructions élevées dans un site qu'elle n'a pas choisi, les déplace, et promet de nouvelles ruines si l'on épie son œuvre.

La lune était l'emblème de la naissance, de la conservation et de la destruction. Hécate, vierge blanche et noire, distribuait ses biens à ceux qui l'honoraient, présidait aux conseils des princes et veillait à l'accroissement et à la protection des familles.

Ame double.

Le tablier féminin, qui permet le transport des pierres sacrées, assure l'abondance d'une maison et protège la race. Les pharaons faisaient briller dans leur devanteau l'image d'une déesse vénérée. La Vierge fait asseoir l'enfant Jésus sur ses genoux.

La dorne pourrait très bien désigner l'ensemble organique de la femme.

Les divinités des eaux prennent les forces destructrices des eaux, mais l'eau sacrée leur apporte bonté et magie. Toutefois, la christianisation de Mélusine, sous la plume de Jehan d'Arras est douteuse :

> *Je promets bien que je croy*
> *En sainte catholique foy.*
> *Je tieng et croy chascun article*
> *De la sainte foy catholique :*
> *Que Dieu naqui pour nous sauver,*
> *De la Vierge sans l'entamer ;*
> *Et pour nous mort endura*
> *Et au tiers jour resuscita,*
> *Et puis après monta ès cieulx,*
> *Où il est vrays hommes et vrays Dieu,*
> *Et siet à la destre du Père.*
> *Raymond, entends-moy, mon chier frère,*
> *Je les croy toutes fermement*
> *Sans y faillir aucunement.*

Mélusine a l'âme double. Elle pardonna très facilement à son fils Geoffroi — celui qui serait digne de son origine, avait-elle prophétisé — l'incendie du couvent dans lequel périrent des moines et son fils Froimont qui s'y était réfugié, allant jusqu'à soutenir que ce crime était un châtiment de Dieu contre les moines trop sensuels !

84

Paracelse situe les Mélusines dans une figure d'Enfer :

« Les Mélusines sont des filles de rois, désespérées à cause de leurs péchés. Satan les enleva et les transforma en spectres, en esprits malins, en revenants horribles et monstres affreux. On pense qu'elles vivent sans âme raisonnable dans un corps fantastique, qu'elles se nourrissent des éléments et qu'au jugement dernier elles passeront avec eux, à moins qu'elles ne se marient avec un homme. Alors par la vertu de cette union, elles peuvent vivre naturellement dans le mariage. De ces spectres on croit qu'il y en a plusieurs dans les déserts, les forêts, les ruines et les tombeaux, les voûtes vides et les bords de mer. »

Mélusine passera-t-elle à travers les Enfers, le jugement dernier et le cœur de l'homme ?

CHAPITRE III

La Fée Viviane dans le Lancelot en prose *et* Huth-Merlin.

Dans le *Lancelot en prose*, texte du XIIIᵉ siècle, on voit Merlin traverser la forêt de Brocéliande, belle comme une cathédrale habitée par des biches et des daims. Au bord de la fontaine de Barenton, ancien sanctuaire dédié au Brillant, il rencontre la Fée Viviane dont il tombe amoureux. Lorsqu'elle le questionne sur son métier, il lui répond : magicien.

« Je peux, par exemple, soulever un château, fût-il entouré de gens qui lui donnassent l'assaut et plein de gens qui le défendissent ; ou bien à marcher sur cet étang sans y mouiller mon pied ; à faire courir une rivière où jamais on n'en aurait

vu, et beaucoup d'autres choses, car on ne
saurait proposer rien que je ne fisse. »

De tels tours ne vont pas sans charmer la
jeune personne, qui lui offre son cœur s'il lui
explique comment marcher sur l'eau et faire
courir une rivière. Les deux premiers souhaits
de Viviane sont liés à l'eau.

Merlin trace un cercle avec une baguette et
se rassoit près de la fontaine. Un château très
animé surgit, habité par des dames, des chevaliers et des écuyers qui se donnent la main
et qui chantent.

« Ils vinrent se placer autour du cercle
que Merlin avait dessiné, puis des danseurs
et des danseuses commencèrent à danser
des caroles non pareilles, au son des tam-
bours et des instruments. »

Le soir, le magicien fit disparaître les merveilles, sauf, sur la prière de Viviane, un verger
baptisé « Repaire de joie et de liesse » dont « les
fleurs et les fruits répandaient toutes les bonnes
odeurs de l'univers. »

Merlin prit congé et retourna à la cour du
Roi Arthur.

Il reviendra dans la forêt de Brocéliande et
retrouvera Viviane et son empressement à
connaître ses secrets. Elle lui demande notam-

ment comment faire dormir un homme aussi longtemps qu'elle le désire. Merlin veut savoir la raison de ce vœu étrange :

> « Elle ne lui confessa point la raison
> véritable, mais, hélas ! il connaissait bien
> toute sa pensée. »

Merlin n'accepte pas de livrer son secret et sept jours durant elle le tracassera avec cette déraison. Puis dans le verger, auprès de la fontaine, comme si les eaux s'alliaient à elle pour faire chuter Merlin, le voyant très amoureux, elle présente l'autre face de sa félonie et s'enquiert sur le pouvoir d'endormir une dame. Ce que Merlin lui enseigne, ainsi que bien d'autres secrets, aiguillonné par les feux du diable, comme ces « trois mots qu'elle prit en écrit, et qui avaient cette vertu que nul homme ne la pouvait posséder charnellement lorsqu'elle les portait sur elle. »

Après une semaine passée à ses côtés, de nouveau il la quitte, et s'en va assister au mariage du roi et de Guenièvre, puis il revient dans la forêt.

La perverse Fée en profite pour lui arracher d'autres secrets sans jamais lui céder :

> « Déjà elle en savait presque autant que
> lui, et elle l'aimait tendrement, mais, pour

ce qu'elle voulait demeurer pucelle, elle avait fait un charme sur l'oreiller qu'il mettait sous sa tête quand il couchait avec elle, de sorte qu'il croyait la posséder, mais ce n'était que songe. »

Il lui construira un beau château sur le lac de Diane : Là encore la lune se mêle aux eaux, et le château fait disparaître le lac, et « jamais personne ne le verra qui ne soit de votre maison, car il est invisible pour tout autre, et aux yeux de tous il n'y a là que de l'eau. »

Rendu imprudent par la joie de Viviane, il lui confie d'autres enchantements qu'elle s'empresse de mettre par écrit , « étant bonne clergesse dans les sept arts ». Profitant de la folie de Merlin, elle lui demande :

« Sire, il y a encore une chose que je voudrais bien savoir : c'est comment je pourrais enserrer un homme sans tour, sans murs et sans fers, de manière qu'il ne pût jamais s'échapper sans mon consentement. »

Le magicien est bien près de répondre, surtout qu'elle promet de s'offrir :

« Je n'attends le bonheur que de vous. »

Mais Viviane devra attendre son retour :

« Ma dame, à ma prochaine venue, je vous enseignerai ce que vous voulez. »

Le voilà reparti combattre un géant avec le roi Arthur. Ensuite il prend congé de la reine et du roi, et les recommandant à Dieu, dit qu'il ne les reverra point. Il reviendrait seulement « quand le Lion, fils de l'Ours et de la Panthère, arrivera dans ce royaume ». Au bout de sept semaines, le roi s'inquiète et envoie des chevaliers à sa recherche. Gauvain, le neveu d'Arthur, traversant la forêt de Brocéliande, reconnaît la voix de Merlin :

« Tout à coup il s'entendit appeler par une voix lointaine et il aperçut devant lui une sorte de vapeur qui, pour aérienne et translucide qu'elle fut, empêchait son cheval de passer. »

Merlin a été trahi par celle qui désormais sera jour et nuit en sa compagnie. Cette phase magique n'a pas été sans son consentement :

« Vous ne me verrez plus jamais, et après vous je ne parlerai plus qu'à ma mie. Le monde n'a pas de tour si forte que la prison d'air où elle m'a enserré. »

Et le magicien d'ajouter :

« Je savais bien ce qui m'adviendrait. Un jour que j'errais avec ma mie par la forêt, je m'endormis au pied d'un buisson d'épines, la tête dans son giron ; lors elle se leva bellement et fit un cercle de son voile autour du buisson ; et quand je m'éveillai, je me trouvai sur un lit magnifique, dans la plus belle et plus close chambre qui ait jamais été. "Ha ! dame, lui dis-je, vous m'avez trompé ! Maintenant que deviendrai-je si vous ne restez céans avec moi ? Beau doux ami, j'y serai souvent et vous me tiendrez dans vos bras, car vous m'aurez désormais prête à votre plaisir. " Et il n'est guère de jour ni de nuit que je n'aie sa compagnie, en effet. Et je suis plus fol que jamais, car je l'aime plus que ma liberté. »

*
**

Dans un autre texte du Moyen Age, le *Huth-Merlin,* c'est à la cour du roi Arthur que la Fée — qui porte le nom de Niviene — tend ses rets à Merlin :

« Et li rois dist que de li hounerer est il tous près et sera comme elle demourra a court (...) La reine li demande coument ele ot non en baptesme. Et celle li dist que elle a non Niviene, et est fille d'un haut houme de la petite Bretaigne, mais elle ne dist pas que elle fust fille de roi. »

91

L'auteur ajoute, avec un peu d'impatience :

> « Et sachent vraiement (que) tout al qui le conte mon signor Robert de Boron escoutent que cette damoisiele fu cele qui puis fu apielée la damoisiele dou lac, cele qui norrist grand tans en son ostel Lancelot dou lac, einsi comme la grant Ystoire de Lancelot le devise. »

Mais nous n'en sommes pas là. Même itinéraire initiatique, Merlin tombe amoureux de la Fée, sur laquelle le texte donne quelques renseignements :

> « Merlin repairoit moult volontiers avec la damoisiele cacheresse, celle qui Niviene estoit apielée. Et tant i repaira une fois et autre qu'il l'ama de trop grant amour, pour chou que el estoit de trop grant biauté, ne n'avoit pas d'aage plus de quinze ans. La damoisiele estoit moult sage de son aage, si en fut moult espsentee, car elle avait paour que cil ne la honnesist par son enchantement ou que a li ne geust en son dormant. »

Elle demeura quatre mois à la cour, et tous les jours Merlin venait la visiter. Mêmes tracasseries et chantage :

« Je ne vous aimerai jai se vous ne me fianchiés que vous m'apprendrés des enchantements que vous savés que je vous demanderai. »

L'une et l'autre sont au courant de beaucoup de mystères. Le magicien lui enseigne une partie de son art. Un jour, le père de Niviene, roi de Northumberland, écrit au roi Arthur qu'il lui renvoie sa fille. Est-elle vraiment si dépitée lorsque Merlin lui dit qu'il l'accompagnera ?

Ils franchissent la mer et arrivent sur les terres du roi Ban de Benoïc. Ils sont reçus au château de Trèbe par la reine Hélène qui leur présente son fils Lancelot, dont le nom de baptême était Galaad. Niviene admire la beauté de l'enfant.

Merlin conduit ensuite la Fée au lac de Diane, et lui conte l'histoire de la chasseresse qui avait pris l'endroit en affection, « et fist dessus cel lac son manoir », et la nuit venait s'y mirer. Le jeune Faunus devint son amant et vécut avec elle dans le riche manoir. Mais Diane s'éprit d'un autre chevalier appelé Félix, qui à cause du fils du roi n'ose l'aimer. Elle était résolue à faire périr son premier amant. Il y avait près du lac une tombe emplie d'une eau qui guérissait les blessures. Diane en vida l'eau un jour que Faunus revint blessé de la chasse. Elle le persuada de s'allonger nu dans la tombe afin qu'elle puisse l'inonder d'eau médicinale. Il y consentit, le couvercle se referma, et, ô joie du bain, Diane coula dans la tombe du plomb bouillant. Elle raconta son crime au chevalier qui, indigné, lui trancha la tête.

Se posant en héritière de Diane, Niviene s'éprend du lac et demande à Merlin de lui élever un manoir. Merlin obéit et rend la construction invisible. Elle lui reproche d'abandonner le roi Arthur. Elle offre, à son tour, de l'accompagner à son royaume. Il traverse avec « la demoiselle du lac » la Forêt Périlleuse « qui toute estoit plainne de pierres et de roches et loing de ville et de chastiel et de tout gent ». Merlin raconte qu'entre les rochers deux amants installèrent une chambre richement ouvragée, y vécurent heureux et y furent enterrés. Niviene veut voir cette étrangeté. Il lui fait visiter ces lieux sacrés et elle réussit à lui faire soulever la dalle funéraire qui ne pouvait être soulevée par des mains d'hommes :

« Merlin, vous m'avés tout conté de ces deus jeunes gens que se je fuisse Dieus une eure de jour, je vous di que je m'esisse lour ames ensamble en la joie qui tousjours mais lour durast. Et certes m'en delite tant en ramember de lor œvres et de lour vie que pour l'amour d'eus ne me remuerai jou

94

anuit de chaiens ains i demouerai toute nuit. »

Ainsi fut fait. Niviene, pendant le sommeil de Merlin, « se lieve de son lit et vient la ou il se dormoit, si le commenche a enchanter encore plus qu'il n'estoit devant ». Elle le fait ensuite entrer dans la tombe et mettre « la lame dessus ». Belle opération de magie noire ! Heureusement Merlin échappe au plomb bouillant, car probablement cette désagréable Fée tient à sa tête. Pour se pardonner ses trahisons elle se répète :

> « Il vient avec moi et mi sivi non mie pour m'ounour, mais pour moi despire et pour moi despuceler. Et je vaurroie mieus qu'il fut pendus qu'il moi adesast en tel maniere, car il fu fieus de dyable et d'anemi, ne fil de dyable ne porroie je aamer pour riens del monde. »

La Dame du Lac.

Le *Lanzelet* serait la traduction allemande, à la fin du XIIe siècle, d'un poème français perdu. C'est une véritable biographie qui, si elle présente bien des incohérences — mais qu'en était-il du poème initial ? — dépeint le héros dès sa naissance.

L'intraitable Penn, roi de Genewis, s'était

retranché avec la reine et son fils dans sa forteresse pour échapper à un complot. Mais les vivres vinrent à manquer, et le château était toujours cerné par les assaillants. Il fallut se décider à fuir. Les blessures, la douleur et la mort ne tardèrent pas pour le roi. La reine Clarine était désespérée tout en serrant son fils dans ses bras, seule dans une profonde forêt avec les révoltés à sa poursuite, près du lac que le roi avait choisi pour sépulture. C'est alors qu'une Fée surgit de la brume et enleva l'enfant que la reine avait déposé au pied d'un arbre. Elle l'avait emmené dans son royaume situé au milieu de la mer et entouré de murs infranchissables. La Dame de la Mer n'avait pas enlevé l'enfant sans savoir qu'un jour il serait un chevalier sans pareil dont elle aurait à charge l'éducation. Les méchantes langues affirment qu'elle n'était pas désintéressée puisqu'elle le destinait à délivrer son fils Mabuz de son ennemi le géant Iweret de Dodone.

Viviane est devenue la Dame du Lac. La ravisseuse de Lancelot est présentée comme une Fée des eaux qui règne sur dix mille vierges richement parées. Son royaume est baigné par un printemps perpétuel. Son château imprenable est bâti sur une montagne de cristal. La mer et une muraille de diamant entoure ce paradis. Sur cette île du bonheur, personne ne connaît ni le chagrin ni l'ennui.

La Dame du Lac donnera au jeune Lancelot une éducation idéale. Il sera fidèle et aura de bonnes manières. On lui apprend à parler aux dames, à jouer de la harpe et de divers instruments de musique, à tirer à l'arc, à chevaucher, à jouer à tous les jeux, et « quand il fut plus grand on lui renforça ses armes. »

Il ravit la Dame du Lac en lui confiant plus tard : « Si le grand cœur faisait les gentilshommes, je croirais être l'un des mieux nés. » Vint l'âge d'être reçu chevalier. La Fée n'aurait pas voulu qu'il la quitte, mais elle savait aussi que sa mission s'achevait. Elle « sentit l'eau du cœur lui monter aux yeux ».

Son dernier enseignement, plein d'émotion, portera donc sur la chevalerie :

> « Et tant sachiés vous bien que chevaliers ne fu mie fais a gas ne establis, et non pas por che qu'il fuissent au commenchement plus gentil homme ne plus haut de lignage li un de l'autre, car d'un peire et d'une meire deschendirent toute gent, mais quant envie et convoitise commencha a croistre el monde et forche commencha a vaincre droiture, a chele eure estoient encore pareil, et un et autre, de lignage et de gentilleche. Et quand li faible ne porent plus souffrir ne endurer encontre les fors, si establirent desors aus garans et desfen-

deors por garantir les foibles et les paisibles et tenir selonc droiture et por les fors bouter ariere des tors qu'il faisait et des outrages. »

Les chevaliers sont des justiciers et des protecteurs, forts et loyaux, ne craignant pas la mort. Ils doivent en outre protéger l'Eglise soumise à l'évangile :

> « car ele ne se doit revanchier par armes ne rendre mal encontre mal ; et por che est a che establis li chevaliers qu'il garandisse celui qui tent la senestre joe, quand ele a esté feme en la destre. »

La Dame du Lac détaille ensuite méticuleusement les armes du chevalier : l'écu, le haubert, le heaume, la lance et l'épée qui est l'arme la plus honorée et la plus noble. C'est une excellente arme d'attaque dont on peut utiliser la pointe et les deux tranchants. Le tranchant droit est au service du Seigneur et du peuple, le gauche sert à châtier les mauvais. La pointe symbolise l'obéissance, du chevalier à Dieu, et du peuple au chevalier.

Le cheval représente le peuple. En effet ne porte-t-il pas le chevalier comme le peuple doit le porter, lui qui est son protecteur ? C'est un système de castes qui est ici esquissé : la Sainte Eglise est au sommet veillant sur l'âme de chacun, les chevaliers la protègent tout comme ils veillent jour et nuit sur le peuple, qui leur doit obéissance et les sert. C'est en fait l'armature de la société médiévale.

Le chevalier a deux cœurs. L'un inflexible et dur qu'il réserve aux déloyaux et aux félons, l'autre sensible et doux pour les bons et les débonnaires.

La Dame du Lac savait que Lancelot avait toutes les qualités pour devenir un parfait chevalier. Elle lui rappelle le rôle de Joseph d'Arimathie qui fut le chevalier de Jésus-Christ et dont il coucha le corps dans le sépulcre. Elle lui promit qu'il serait fait chevalier par le roi Arthur pour la fête de la Saint Jean. Elle avait d'ailleurs préparé les armes que Lancelot devait recevoir : le haubert blanc, léger mais résistant, le heaume d'argent, un écu blanc à boucle d'argent, et une épée lourde aux tranchants bien aiguisés. Le cheval, bien dressé avec son harnachement étincelait comme la neige au soleil.

C'est sur cette blancheur que prend fin le rôle d'éducatrice de la Dame du Lac. Lancelot a maintenant dix-huit ans et va quitter cette serre des bonnes manières et franchir les degrés de son initiation dans le monde. Pour Lancelot, la fin de cet Age d'Or était bien une naissance :

« Si la Dame du Lac fut tendre pour Lancelot, il ne faut pas le demander : l'eût-

elle porté dans son ventre, elle ne l'aurait
gardé plus doucement. »

L'épée magique.

Un des rôles magiques de la Dame du Lac
fut de fournir une épée au roi Arthur. L'œuvre
de l'aventurier Thomas Malory : *La Morte
Darthur*, publiée en 1485, apporte à l'épisode un
bel éclairage :

« Comme ils chevauchaient, Arthur dit :
" Je n'ai point d'épée. " " Nulle importance,
dit Merlin. Près d'ici est une épée qui sera
vôtre, si je le puis. " Ainsi chevauchèrent-
ils jusqu'à ce qu'ils arrivèrent à un lac,
lequel offrait une eau belle et vaste ; et au
milieu du lac, Arthur aperçut un bras,
manchu de blanc samit, qui tenait une belle
épée à la main. " Ça, dit Merlin, voilà là-
bas l'épée dont je parlais. " En outre, ils
virent une demoiselle qui marchait dessus
le lac. " Quelle est cette demoiselle ? "
demanda Arthur. " C'est la Dame du Lac "
répondit Merlin, " et dedans ce lac est un
rocher, et dedans ce rocher est un pourpris
plus beau qu'aucun sur terre, et richement
adorné. Cette demoiselle va sans délai venir
à vous ; étrennez-la de belles paroles,

qu'elle vous baille cette épée. " Tout de suite vint la demoiselle à Arthur et le salua ; et il lui rendit son salut. " Damoiselle, dit Arthur, quelle est cette épée là-bas qu'un bras tient au-dessus de l'eau ? Je la voudrais mienne, car je n'ai point d'épée. " " Sire roi Arthur, dit la demoiselle, cette épée est à moi, mais vous l'aurez si vous voulez bailler un guerredon quand je vous le demanderai. " " Par ma foi, dit Arthur, je vous donnerai tel don que vous me demanderez. " " Bien, dit la demoiselle, montez en cette barge, ramez jusqu'à l'épée et saisissez-vous en, ainsi que du fourreau, et je vous requerrai le don à mon heure. " Sire Arthur et Merlin mirent pied à terre et attachèrent leurs roncins à deux arbres. Puis ils embarquèrent et lorsqu'ils furent à l'épée que tenait la main, Sire Arthur la saisit par les renges et l'emporta, tandis que le bras et la main s'enfonçaient dans l'eau. »

La Dame du Lac ne tarda pas à venir réclamer le don que le roi lui devait. Requête macabre, elle veut la tête d'une demoiselle envoyée par la Dame de l'île d'Avalon qui s'est présentée ceinte d'une épée, ou celle du chevalier qui a réussi à sortir l'épée de son fourreau et se l'est appropriée, car ce sont les meurtriers de son père et de son frère. Arthur est fort ennuyé par cette exigence. Par contre, le chevalier Balin vint à elle et lui dit : « Vous vouliez ma tête, c'est pourquoi vous perdrez la vôtre. » Décidément la tête de la Fée pèse comme un battant de cloche au-dessus de la légende. Et devant le roi, il tire son épée et lui tranche la tête. Arthur rentre dans une grande colère et ordonne au chevalier de quitter la cour. Mais, avec politesse Balin se défend :

> « Sire, je suis fâché de votre déplaisir car cette même dame était la plus déloyale qui soit en vie. Par enchantement et sorcellerie, elle s'était rendue meurtrière de maints bons chevaliers, et à cause d'elle, de par sa fausseté et félonie, ma mère fut arse. »

Graves accusations portées contre la Dame du Lac ! La Fée n'aura été tournée vers le bien que durant l'éducation de Lancelot, et encore si elle n'évoqua pas la chasteté comme une qualité du chevalier — elle enverra un « écu fendu » à la reine Guenièvre — n'était-ce pas pour encourager une passion illégitime ?

Le chevalier emporta la tête de la Dame du Lac. Le roi mena grand deuil, tout honteux de n'avoir pu contenter la Fée, et « l'enterra richement ».

Cette femme des eaux est une fille du diable et poursuit les noirs enchantements que Niviene — autre Viviane — déroula autour de Merlin, pour l'abandonner sous une dalle funéraire.

Dans le *Huth-Merlin*, la Dame du Lac n'est pas nommée, mais c'est elle, qui après avoir marché sur l'eau pour aller chercher l'épée, la remet au roi. Merlin ayant fait remarqué à Arthur que si Escalibur était magique, le fourreau valait mieux que la lame :

> « Ce fourreau vaut dix épées, et tant que vous le porterez, oncques ne verserez une goutte de sang, pour cruellement blessé que vous soyez. »

Lorsque l'Arcane va paraître, comme une nouvelle pousse, le roi Arthur, mortellement blessé, ordonne que son épée retourne dans les profondeurs du lac :

> « Lors du lac émergèrent un bras et une main. La main s'approcha, saisit l'épée, l'agita et brandit trois fois ; puis dans l'eau disparut la main avec l'épée. »

Un cycle venait de s'achever.

De la virginité à l'inceste.

Viviane est une vierge qui attend d'être aimée par l'homme le plus sage du monde. Fille d'une Fée de la vallée, elle avait à sa naissance hérité de cette attente, et conséquemment elle lui ferait faire ses volontés sans qu'il puisse jamais la contraindre aux siennes, et enfin elle apprendrait de lui tout ce qu'elle désirerait savoir. Se cache-t-elle dans sa coquille d'innocence et d'effronterie pour mieux fondre sur sa proie — tout de même Merlin n'est pas un fol ! — il ne semble pas, car elle l'aime autant que lui ne l'aime.

Est-elle un double de la déesse Be-Finn qui filait l'inceste avec son père le dieu Dagda ?

Viviane est-elle une émanation de la Mère des Dieux, Cybèle, déesse de la fécondité, mère des Règnes ? Les Perses l'ont identifiée avec leur déesse de la nature Anaitis, devenue plus tard Artémis, divinité maritime puis divinité lunaire. Il ne faut pas non plus méconnaître les emprunts qu'elle doit aux divinités orientales Isis et Mithra : reine du ciel, maîtresse de l'éclair et de la foudre, dame de la mer, divinité chthonienne, protectrice des moissons et des vendanges, maîtresse des animaux et des forces souterraines.

Elle retrouvera son rôle de déesse-mère en élevant Lancelot. La Dame du Lac tente de faire oublier la diabolique Niviene. C'est une magicienne qui connaît le pouvoir des mots, les secrets des pierres et des plantes, « et par là se maintenait en jeunesse, beauté et richesse ».

A la rencontre du Ciel et de la Forêt sacrée, Viviane, comme toutes les Filles des Eaux, est une divinité lunaire.

Viviane, la Fée blonde est la réincarnation celtique de l'Omphale du mythe Héracléen. C'est une émanation de la lune, souveraine de mélancolie.

Les alchimistes considèrent Omphale comme leur terre, dont Hercule, ou leur mercure — l'Artiste qui utilise le mercure philosophal — est amoureux jusqu'à ne faire plus qu'un avec elle.

Pour expier le meurtre d'Iphitos, qu'il précipita du haut des murs de Tirynthe, Héraklès embarqua pour l'Asie et fut vendu comme esclave, pour le prix de trois talents, à la reine de Lydie, Omphale.

Le mythe révèle un Hercule décadent, entièrement soumis aux volontés d'Omphale, couché aux pieds de sa maîtresse ou filant la laine, habillé d'une longue robe orientale ! Omphale ayant revêtu sa peau de lion et brandissant sa massue.

Comme pour Merlin et Viviane, il y a transmission de pouvoirs. Néanmoins Héraklès gardait toujours son beau courage, puisqu'il vainquit Sylée, Lityersès, le moissonneur maudit qui coupait les têtes, enveloppait les corps dans des gerbes et les jetait dans les flots du Méandre, captura les Cercopes, et fit la guerre aux Itones qui ravageaient les terres de sa maîtresse. Omphale devint très amoureuse, et séduite par la bravoure de son esclave, lui rendit la liberté et l'épousa.

Il semble bien que ce soit Robert de Boron qui ait transposé la relation amoureuse que l'Enchanteur avait avec sa sœur Ganieda, en un amour plus naturel avec Niviene. Il a donc fallu que le sang circulât ailleurs pour que les fondations de la Grande Déesse apparaissent. L'élève damera le pion magique au maître, et à son tour deviendra initiatrice.

Inceste de derrière la lumière — Apollon et Artémis — et l'eau ayant porté l'œuf du monde, retient, comme une coque, le couple maudit à l'orée de la mort.

L'inceste est une union à laquelle seules les divinités peuvent se livrer. Car cette fragilité symbolique est l'illustration du retour à une haute naissance et à l'équilibre retrouvé de deux cœurs identiques. C'est le corps coupé d'Osiris qu'Isis s'efforce de reconstituer. Viviane est aussi la sœur sainte, la prophétesse tournant autour du miroir sur lequel s'est penché Merlin. Viviane, dans cet affrontement des pouvoirs, est magiquement la plus forte — en la réveillant

Merlin lui rend l'empire que les prêtres noirs lui avaient confisqué. D'ailleurs dans la *Vita Merlini*, Ganieda, la Sœur Sacrée est emportée par une fureur prophétique. Merlin déclare alors qu'il ne prophétisera plus jamais, puisque maintenant les dons de Ganieda sont plus puissants que les siens.

CHAPITRE IV

Les apparitions de Morgane.

Morgane, la sœur du roi Arthur, est à la fois la belle et la laide : d'abord la plus belle dame, elle perdit sa beauté quand « elle commencha a aprendre des enchantemens », et le diable lui inspirant la luxure, « elle pierdi si otreement sa biauté que trop devint laide ». La dualité de l'âme remplace chez elle la dualité du corps. Elle est la guérisseuse d'Arthur et sa destructrice. Enfin elle peut être vierge ou amante enflammée.

La première apparition littéraire de la Fée est Morgen dans la *Vita Merlini*. Elle est une belle prêtresse habitant l'Ile d'Avalon, entourée par neuf enchanteresses. L'auteur, Geoffroy de Monmouth la dépeint sous les traits d'une Fée guérisseuse. Telle une précieuse, dans sa chambre, sur un lit scintillant d'or, elle reçoit Arthur pour soigner ses blessures.

Elle paraît pour la seconde fois dans le *Roman de Troie* qu'écrivit Benoît de Sainte-Maure en 1160 :

> *Hector monta sor Galatee,*
> *Que li tramist Orva la fee,*
> *Que mout l'ama e mout l'ot chier*
> *Mais ne la voust o sei couchier :*
> *Empor la honte qu'ele en ot,*
> *L'en haï tant come el plus pot.*

Voici révélé un des premiers noms de la Fée : Orva. Il y en aura de nombreux autres : Orna, Orains, Ornains, Oruain, Ornais, ayant perdu dans ses menaces ou au milieu du zodiaque la lettre initiale.

Morgain, Morgan, Morganz !

La Vulgate Lancelot la reconnaît comme une déesse :

> « Il fu voir que Morgains, la suer le roi Artu, sot moult d'enchantement et de charoies sor totes fames ; et por la grant entente qu'ele i mist en lessa-ele et guerpi la covine des genz et conversoit et jor et nuit es granz forez parfondes et fontainnes, si que maintes genz, dont il i avait moult de foles par tot le pais, ne disoient mie que ce fust fame, mues il l'apeloient Morgain la deesse. »

109

Le Jeu de la Feuillée d'Adam le Bossu est l'œuvre d'un jeune homme. L'œuvre véhicule de nombreux éléments symboliques, et les personnages des trois Fées ne se montrent qu'au milieu de la pièce. Elles ont le rôle de l'ancienne triade gallo-romaine des divinités protectrices, Matronae ou Matres, elles-mêmes héritières des distinctions des Parques.

Les Fées président à la renaissance du poète qui veut refaire sa vie « selon l'escole et non plus selon le mariage ». Figures de la confiance et de la foudre. Le pouvoir de Morgue irriguera de nouveau la raison du fol, que ni le médecin ni le moine ne peuvent guérir. Le cercle de lumière n'est pas encore en crue, et la guérisseuse ne veut pas tout dire :

> *Je li doins don gent.*
> *Je voeil k'il ait plenté d'argent.*
> *Et de l'autre, voeil k'il soit teus*
> *Ke che soit li plus amoureus*
> *Ki soit trouvés en nul païs.*

La sœur du roi Arthur se glisse, entre le battement d'ailes et le battement de cœur, dans *Erec et Enide* de Chrétien de Troyes. Lorsque le chevalier montre ses blessures au roi, celui-ci fait apporter un onguent « que Morgue sa suer avoit fait » :

110

Li antrez ert de tel vertu,
que Morganz ot doné Artu,
que la plaie qui an est ointe,
ou soit sor nerf ou soit sor jointe,
ne faussist qu'an une semainne
ne fust tote senee et sainne.

La Fée et le roi sont toujours bons amis. Sur l'autre versant, la haine se mouvra librement et l'âme deviendra noire. Chrétien de Troyes mentionne que Morgue est l'amante de Guingamar, seigneur de l'Ile d'Avalon. Voilà la prêtresse de l'île mythique, au visage transparent, préparant des onguents magiques et brodant des vêtements de parade pour son amant.

Dans *le Chevalier au lion*, Morgue donne à la dame de Norison un onguent qui guérira Yvain de la folie. Il devra s'en oindre les tempes et le front. Morgue est une Fée bienfaisante et presque maternelle :

Car d'un oignemant me sovient
que me dona Morgue la sage ;

Qualificatif rarement accolé à l'activité des Fées ! Ni les sons, ni la lumière ne retourneront sous les eaux. Une deuxième naissance, la raison des Fées, ne s'arrêtera pas à la Nature, et les Demoiselles devront conquérir le Pardon et l'Union Sacrée.

La fuite de Morgane.

Comment se fait-il que Morgane se soit enfuie de la cour de son frère pour se réfugier dans un château au milieu d'une réduction qui n'égale pas toujours le Nombre d'Or ? Cette fuite est le reflet de sa déloyauté. Pour mettre en œuvre ses complots, elle envoie ses demoiselles à cheval, comme des ondes noires. La lumière tourne autour des origines et maintient la dualité. Pourquoi cette inimitié entre le roi Arthur et la Fée ? Les conteurs proposent plusieurs réponses.

Tout d'abord, Morgane veut favoriser son amant Accalon qui doit livrer un combat singulier contre le roi. Elle sait que le fourreau d'Escalibur possède des vertus magiques et en fait faire un semblable, après l'avoir dérobé dans la tente du roi, pendant son sommeil. Elle aurait cette même nuit jeté un enchantement qui transforma en pierre les demoiselles, les chevaliers et les chevaux. Mais les deux fourreaux sont tellement identiques qu'elle ne peut les reconnaître et donne le faux à son amant. Elle trompe son frère en lui remettant une autre épée qu'Escalibur. Epée que le roi brisera sur le heaume de son adversaire. Grâce à l'intervention de la Demoiselle du Lac, il retrouve Escalibur et arrache le fourreau qui empêchait les plaies du chevalier de saigner. Les principes s'enroulent selon la hiérarchie des constituants. Le roi

Arthur sort vainqueur, et le mourant révèle la félonie de Morgane.

Haine, enchevêtrements et poursuites. Son plan a échoué, mais elle échappe à sa condamnation, non sans avoir dérobé le fourreau magique. Elle le jette dans le lac et se métamorphose. Elle reprendra forme humaine et retrouvera son château de Tugan « moult riche chastiel et moult aaisié de toutes choses ». En ce château, qui est loin d'être paisible, les pratiques d'envoûtements s'ajoutent à ses folies meurtrières — n'a-t-elle pas tenté de tuer son mari Urien pendant son sommeil ?

> « Elle mist en mi la maistre sale de laiens une tombe : dedens la tombe mist elle un escrit qui estoit en une boiste d'ivoire, et dedans l'escrit estoit devisee la mort le roi Artu et chelui qui le devoit occire, et s'i estoit la mort de Gavain et le non de chelui qui a mort le devoit mettre. »

Ensuite, lorsque la reine Guenièvre découvre que son neveu Guiomar est lié à Morgane par un amour secret, elle menace le jeune homme de la colère d'Arthur. Suivi de Morgane et de son entourage, il quitte la cour, mais ne sortira plus jamais de sa solitude. La reine est donc vouée à la haine de la Fée. Une de ses vengeances sera de dénoncer l'adultère de Guenièvre et Lancelot.

Enfin, Morgane oublie Arthur pour mieux haïr ce chevalier sans nom qui repousse ses avances, et lui préfère une rivale. Dans sa colère, elle invente le Val des Faux Amants. Lorsqu'elle surprit le chevalier qu'elle aimait avec une demoiselle de grande beauté dans un val enchanteur, elle les enferma derrière une muraille d'air et la demoiselle fut condamnée « à sentir toujours un froid de glace de la tête à la taille et une chaleur torride de la taille aux poieds. »

Ce val sans retour est le Val des Faux Amants. L'enchantement de Morgane était tel qu'aucun chevalier n'en pouvait sortir à moins qu'il n'eut jamais, même en pensée trahi son amour. Le cœur était déjà lié à la phonétique, et les visites aux chevaliers refermaient l'anneau conventionnel : leurs fiancées les charmaient, les valets leur apportaient leurs rentes, leurs vêtements et leurs oiseaux ! Ils étaient logés au mieux et écoutaient chaque jour la messe dans des chapelles, « mais tous attendaient le cœur doux, humble et fidèle, sans reproche, qui les pourrait délivrer ».

Morigena entre la magie et la cruauté.

Morgue ou Morgain, fille du duc de Tintaguel et d'Igerne. Son père avait grand souci de son éducation :

114

« Il lui fit aprendre a lettre en une maison de relegion, et elle aprist tant et si bien que aprist les set ars, et si sot mierveilles d'un art que l'on apiele astrenomie, et elle en ouvra moult tost et tous jours, et moult so de fisike, et par cele fisike fu elle apielee Morgue la fee. »

Morigena, née de la mer, la deuxième élève de Merlin. Elle aussi est avide de secrets et est une belle inspiratrice : « Vous m'aprendés tant d'enchantement qu'il n'ait feme en ceste terre qui plus en sache de moi » dit-elle à Merlin. Elle porte en elle l'ardeur amoureuse — et un net penchant à la polygamie — de la Morrigan irlandaise qui fut dédaignée par Cuchulainn.

Elle est déloyale lorsqu'elle subtilise la bague à Lancelot après lui avoir fait absorber un breuvage, alors qu'il lui avait avoué préférer se couper le doigt plutôt que de lui remettre l'anneau de Guenièvre. Cette fidélité à la reine avait rendu Morgane jalouse. Elle envoie une demoiselle très laide prévenir le roi Arthur que le chevalier l'a trahi avec sa femme « qu'il aimait de fol amour et qui l'aimait » et pour accréditer ses dires pervers renvoie l'anneau.

Non satisfaite de ses philtres, elle enfonçait dans le nez et la cervelle de Lancelot un tuyau d'argent, qui lui permettait de souffler une poudre qui rendit le chevalier malade quatre mois.

Par contre, chaque nuit elle venait le regarder sommeiller et elle avait planté sous ses fenêtres une roseraie. Il est vrai que les barreaux des fenêtres l'empêchaient de cueillir les fleurs.

La nouvelle foi passera dans les mailles du filet. Les rites ne resteront pas sur les premières marches de la Révélation. Le roi Arthur aurait-il aussi une autre casaque ? Le roi des Ténèbres, héritier de ce Herla rex et de ses hordes nocturnes, faisant craquer le ciel avec les Herlewini dans des chevauchées sans fin. C'est un rôle démoniaque que le blanc Arthur le roi noble et courtois semble pouvoir difficilement endosser. La magie des chandelles de Morgane le retiendra-t-elle longtemps dans le laboratoire damné ? Le fleuve réunit toujours ses deux rives.

L'Ile d'Avalon et les fruits d'immortalité.

Dans la *Vita Merlini,* écrit du XIIe siècle, il est question de l'Ile des Pommiers — *Insula Pomorum* — où vivent neuf sœurs qui gouvernent « par une douce loi ». Morgane, l'aînée, surpasse les autres par sa beauté et ses pouvoirs magiques : elle connaît les propriétés des plantes, elle peut se métamorphoser et s'élancer dans les airs.

C'est dans cette île, qu'après la bataille de Camlann viendra le roi Arthur blessé. Morgane le fera porter dans sa chambre et le soignera avec ses onguents magiques.

Avalon vient du gaulois Aballo, du gallois Afal et du breton Aval. Cette île mythique est l'Ile Bienheureuse habitée par les Fées et la résidence des secrets de l'Autre Monde.

Un intéressant parallèle peut s'établir avec les œuvres italiennes : *Orlando Furioso* de l'Arioste et *Orlando Inamorato* de Boyardo, comte de Scandiano, s'inspirant d'un texte français perdu.

Dans ces œuvres, ce ne sont que coups funestes, tournois préparés, amours contrariées, armes magiques qui perdent leurs pouvoirs, combats cruels et rapides, vaines poursuites et dénouements imprévus.

Voici deux descriptions extraites de l'*Orlando Inamorato* qui ne sont pas sans rappeler le royaume de la Dame du Lac, et surtout s'appliquent très bien à l'Ile des Pommes :

« Cette lueur provenait d'un grand verger auquel la voûte aboutissait, et qui était peut-être le lieu de l'univers le plus merveilleux. On y voyait des arbres nains qui portaient pour fruits des rubis, des émeraudes, des topazes, et d'autres pierres précieuses. Mais ce que ce verger avait de plus singulier, c'est qu'il tirait la lumière d'un ciel formé pour lui. Le Soleil ni les Astres de la nuit n'y paraissaient. Des escarboucles, dont le nombre était infini, avec mille et mille diamants éclairaient ce séjour charmant. Ils avaient été cloués par art de Féerie au sein fluide du firmament de ce Ciel. Les bénignes influences de ces beaux astres donnaient aux buissons du verger la vertu de pousser des fruits si précieux. »

Art de Féerie, certainement. Comment ne pas songer au Jardin des Hespérides habité par trois Nymphes chanteuses, qui pouvaient se métamorphoser en herbes, en plantes ou en arbres. Mais le Jardin des Hespérides, c'est aussi le Jardin des Philosophes : « Le grain fixe est comme la pomme et le mercure est l'arbre » a écrit Nicolas Flamel.

C'est ensuite un beau portrait de la Fée que brosse le comte d'Angers dans son Salon de marbre :

« Mais ce qu'il y avait encore de plus capable de charmer la vue, c'était de voir Morgane endormie sur les bords d'une de ses fontaines. Ce vallon délicieux était son séjour favori. Elle y passait tout le temps qu'elle ne pouvait être avec un jeune prince qu'elle aimait éperdument.

« Ses cheveux, plus beaux que ceux du blond Phoebus, flottaient en boucles sur ses épaules au gré d'un doux zéphyr qui semblait ne les agiter que pour prêter à la Fée de nouvelles grâces. Sa robe couleur de rose brodée d'argent était ouverte par devant et laissait voir toute la beauté de sa taille. »

La pomme est le fruit qui procure la Connaissance et l'Immortalité. Ce fruit de l'Autre Monde est l'inverse du fruit du Paradis Terrestre. Adam et Eve ont été chassés pour l'avoir goûté, alors que le bienheureux qui croquera la pomme d'or des Philosophes verra s'ouvrir les portes de l'Autre Monde. Jamais les Druides ne l'offrirent aux humains.

Le texte irlandais, *La Mort des Enfants de Tuireann,* charrie une description de ce fruit de sagesse :

« Les trois pommes que je vous réclame sont les trois pommes du Jardin des Hespérides, à l'est du monde. Il n'y a pas de pommes qui me satisferont, hormis celles-là, car ce sont les meilleures en qualité, et les plus belles du monde. Voici comment elles sont : elles ont la couleur de l'or poli et la tête d'un enfant d'un mois n'est pas plus grande que chacune de ces pommes. Elles ont le goût du miel quand on les consomme, et enlèvent maladies et blessures. Elles ne diminuent pas quand on en consomme longtemps et toujours. Celui qui a enlevé une de ces pommes a accompli son meilleur exploit car, après cela, elle lui revient encore. »

Comment résister au plaisir de citer les fruits-talismans du *Tchen-tsi king* ?

« Les Pommes Croisées et les Jujubes de Feu (fruits merveilleux et célestes) sont les drogues des immortels au vol impétueux ! Elles valent infiniment mieux que l'alchimie... »

Concile de sorcières et séries du devenir. Le paradoxe poursuit la science des proportions :

« Les arbres des Jujubes de Feu et des Pommes Croisées, c'est dans votre propre cœur qu'ils poussent. Si dans votre cœur se trouvent des épines broussailleuses, ces deux arbres n'apparaissent pas. Mais si vous arrivez à couper ces épines et à dégager ces arbres, alors seulement elles porteront des fruits. »

La pomme est aussi une boule végétale qui contient les secrets du Nombre d'Or. Autour du pépin central s'harmonise un pentagone, et un décagone régulier convexe apparaît autour des cinq loges. Le polygone d'or resplendit dans le fruit.

Décidément la Fée Morgane a des ramifications ésotériques qui replacent l'image éternelle avant la chute de l'Esprit.

LES FILLES DES EAUX

CHAPITRE V

Néréides et Océanides.

Lorsque Thésée plongea sous les eaux, défié par Minos, pour prouver son rang princier, il reçut l'investiture de la reine des Néréides, Amphitrite :

> « Il arriva dans le Palais des divinités. Là il frémit à la vue des illustres filles du prospère Nérée. Car de leurs membres splendides, brillait une lumière pareille à celle du feu. A leurs chevelures s'enroulaient des bandeaux tressés d'or. Et elles charmaient leur cœur, en formant des danses de leurs pieds humides... »

Ainsi au fond des mers y avait-il des palais et des Fées de lumière. Ces Néréides dansaient et paraient les princes téméraires qui leur rendaient visite. Thésée rapporta, gage de l'ordalie, une couronne de roses. Ce rite montre que les Néréides étaient des Courotrophes, les nourricières et les éducatrices du Couros, le jeune mâle princier.

Dans l'échelle des Dieux et des Héros grecs, la tradition voulait que le Couros : le Bien Né, fut élevé non par sa mère mais par les Filles des Eaux qui hantaient les grottes et les rivages et l'entraînaient au fond de l'océan. L'investiture des princes leur vient donc de la mer.

Les Néréides et les Océanides possédaient cet art de former un Couros. Elles n'étaient pas seulement des enchanteresses mais des prophétesses qui avaient hérité des secrets de l'ancien monde des Préhellènes.

Leur père Nérée, qu'Hésiode rappelle être « le Vieillard de la mer, parce qu'il est loyal et bénin à la fois, que jamais il n'oublie l'équité, qu'il ne connaît qu'honnêtes bénignes pensées ». C'est dans cette sagesse et cette équité que se trouve la sève de leur rôle sacré.

Démons féminins et génies de la mer ont toujours été indistincts. Néanmoins dans *la Théogonie*, Hésiode souligne le rôle nourricier des filles d'Océan et de Thétis : les Océanides :

« Thétis enfanta une sainte race de filles, qui, sur toute l'étendue de la terre, élèvent les enfants avec le Seigneur Apollon et les fleuves : elle tient ce lot de Zeus lui-même... elles sont trois mille, les Océanides aux fines chevilles, qui, en d'innombrables lieux, partout également, surveillent la terre et les abîmes marins, radieuses enfants des déesses. »

Thétis apparut à son fils Achille lorsqu'il l'implora après sa séparation avec Briséis, qu'Agamemnon lui avait injustement enlevée, et qu'il pleura au bord de « la blanche mer ».

Les cinquante filles de Doris la blonde et de Nérée, symbolisaient les vertus et la justice. Leurs noms s'envolent comme l'écume : Léagoré, Evagoré, Laomedeia, Polynoé, Lysianassa, Thémistô, Pronoé.

Les Aryens n'aimaient pas la mer et étaient en quête de nouveaux héros. Ainsi la lutte de Triton et d'Héraclès faisant fuir les Néréides, qui se trouve représentée sur une architrave provenant du temple d'Assos en Mysie, marque la fin d'une ère d'équité.

Un dynaste, versé dans les arts et les religions et probablement initié aux mystères d'Eleusis, s'était fait inhumer vers 430 avant Jésus-Christ dans ce temple-tombeau qui porte le nom de Monument des Néréides funéraires à Xanthos en Lycie. Dans les entrecolonnements du tombeau de ce prince étranger, les Néréides, dans une envolée circulaire, dansent sur les eaux. Elles jouaient donc un rôle auprès des âmes pour figurer sur une tombe.

Dans *Andromaque,* Euripide montre le vieux Pelée, fils d'Eaque, emmené au moment de sa mort par un cortège de Néréides. Elles le conduisent à *Leuké-Akté* où il doit retrouver Achille.

> « Aux demi-dieux, Zeus a donné une existence et une demeure éloignée des hommes, en les établissant aux confins de la terre. C'est là qu'ils habitent, le cœur libre de soucis, dans les îles des Bienheureux, au bord des tourbillons profonds de l'Océan, héros fortunés pour qui ce sol fécond porte trois fois l'an une florissante et douce récolte. »

Les anciennes traditions des navigateurs survivaient encore. Les Néréides immortelles versent une lumière divine sur ce tombeau. Elles participaient aux Mystères d'Eleusis. Elles dansaient avec les étoiles autour du puits du Callichoros lors de la procession d'automne. Elles gardaient les portes de l'Au-delà et charmaient Démeter et Coré :

> « J'en rougis pour le dieu que tant d'hymnes célèbrent, si, près des sources du Callichoros, un tel théore doit venir voir la

torche de l'Eikas, pour la sainte nuit de veille : quand aux parades sacrées participent l'éther de Zeus et ses étoiles, et la lune elle-même, et les cinquante filles de Nérée, qui du fond de l'abîme marin, et dans les tourbillons des fleuves éternels, vont dansant en l'honneur de Coré au diadème d'or, et de son auguste mère. »

Les Néréides, comme le passeur Charon, sont des guides jusqu'au Paradis, et leurs admirateurs sont assurés de l'immortalité.

Les Nymphes.

A l'époque d'Homère, les Nymphes étaient les filles de Zeus. Mais Hésiode les fait naître — du moins les Méliai — des gouttes de sang échappées de la blessure d'Ouranos après que son fils Cronos l'eut mutilé. Antique résonance !

Le plus souvent les Nymphes sont filles du dieu fluvial veillant sur la région où s'étend leur domaine. Ainsi le fleuve Asopos était-il père de vingt Nymphes.

Ces Naïades sont les divinités des sources et des fleuves, ayant pour séjour les grottes comme celle de Korkys sur le Parnasse ou celle de Sphragidion sur le Cithéron où elles rendaient leurs oracles — combien de prophètes étaient fils de nymphes ? — ou les grottes de Corcyre dont le sol fut recouvert d'un lit de fleurs pour les noces de Jason et de Médée.

Que d'aventures amoureuses scintillent autour du coquillage qu'elles tiennent distraitement. Apollonius de Rhodes raconte que Hylas, jeune homme d'une grande beauté, compagnon d'Héraclès, chargé de puiser de l'eau, avait été attiré par les Nymphes qui lui avaient promis l'immortalité.

Scylla la Ténébreuse.

Scylla est une des filles d'horreur de Lamia que la colère d'Héra a épargnée. Lamia qui se présente comme une belle créature enfantée par le roi Bélos, cache certainement une parenté plus ancienne avec les démons de la Mésopotamie. Redoutable fréquentation !

Lamia, avant de s'endormir, déposait ses yeux dans un vase. Et quand elle ne dormait pas, conservant son regard, l'Errante dévorait les enfants.

L'auteur de *Liber monstrorum* fait un rapprochement entre la Sirène et Scylla. Saint Jérôme avait écrit que les Sirènes donnaient leurs prisonniers en pâture à Scylla. Dans *l'Enéide*, Virgile la décrit sans complaisance :

« Mais Scylla cachée sous une caverne ténébreuse avance la tête et attire les vaisseaux sur les rocs. Elle a le haut du corps d'un être humain, le sein d'une belle fille ; mais, passée la ceinture, c'est un monstrueux dragon avec un ventre de loup et des queues de dauphin. Il vaut mieux, sans te presser, doubler le promontoire sicilien de Pachynum et ne pas craindre un long détour, que de voir une seule fois l'informe Scylla sous son antre immense et ses écueils qui retentissent des aboiements de ses chiens glauques. »

Ne s'ennuie-t-elle pas, l'Aboyeuse, embusquée dans son détroit, malgré la compagnie de ses six chiens aux gueules écumantes et aux trois rangées de dents, se débattant avec furie comme s'ils voulaient s'arracher de ses aines ?

Il ne faut jamais contrarier les magiciennes. Circé, jalouse de l'amour de Glaucos, dieu marin lui-même fils d'une Naïade, gâta avec des herbes magiques les eaux de la fontaine où Scylla aimait s'ébattre. Elle fut aussitôt métamorphosée : le haut du corps garda forme humaine, et le reste devint confusion et monstruosité.

CHAPITRE VI

Les Nixes.

Sous de multiples déguisements, les Dames des eaux nordiques ont hérité du tragique des Sirènes. L'onde ensanglantée est bien souvent l'aura de ces *Wasserfei.*

Vincent de Beauvais conte la mésaventure d'un trop curieux jeune homme qui avait épousé une Nixe et sans répit la questionnait sur sa mystérieuse origine — jusqu'à employer l'épée pour la faire parler. La Nixe finit par retourner dans la paix des flots.

Si une jeune fille a l'ourlet de sa robe toujours mouillé, il faut la fuir, c'est une Nixe. Si les Nixes sont des danseuses — « se livrer si ardemment à la danse est suspicieux » — elles sont aussi travailleuses et ne dédaignent pas fuseaux et quenouilles.

Il faut se méfier des Nixes qui sont prêtes à revêtir n'importe quel déguisement pour parvenir à leur fin. Dans les villes, elles deviennent de belles et riches étrangères ou d'étonnantes musiciennes dont les doigts courent sur la harpe, ou elles s'habillent en villageoises et dansent à se démembrer. Elles tissent des intrigues, déploient force galanterie à faire perdre l'esprit, et leur partenaire finit par chavirer dans le fleuve. Parfois innocente jeune fille portant un collier noir, vêtue d'un corset d'écailles couleur vert de mer et d'un tablier écarlate, tenant un bouquet de perles. La danse des Nixes est un présage de mort, et le sacrifice humain n'est jamais loin des flots noirs.

Le jour de la Saint-Jean, il ne faut pas se baigner dans les rivières qu'elles fréquentent. Par contre, l'équinoxe de printemps est plus favorable, car c'est l'époque où les Nixes pleurent leur splendeur passée, et leurs larmes à l'eau mélangée ont une vertu de rajeunissement et d'embellissement. Pour ne pas céder à ces filles maudites, il est recommandé de porter sur soi un brin de marrube ou d'origan.

Nix, le grand gouvernant des fleuves et des rivières allemandes, était aussi Niord qui avait chuté dans le Rhin après la déroute d'Argentoratum et que l'on croyait noyé. En fait il avait trouvé refuge dans des grottes inapprochables, et malgré l'anathème chrétien il avait rassemblé toutes les divinités des eaux qui se plurent à l'escorter.

Les Wilis, les Laumes et les Merminnes.

Les Wilis des Serbes sont les fantômes des jeunes fiancées qui meurent avant leur mariage. Chaque nuit ces blanches créatures dansent comme des flammes sous le souffle du démon :

> « Dans leurs cœurs éteints, dans leurs pieds morts est resté cet amour de la danse qu'elles n'ont pu satisfaire durant leur vie ; et, à minuit, elles se lèvent, se rassemblent en troupes sur la grande route, et malheur au jeune homme qui les rencontre ! Il faut qu'il danse avec elles ; elles l'enlacent avec un désir effréné, et il danse avec elles jusqu'à ce qu'il tombe mort. Parées de leurs habits de noces, des couronnes de fleurs sur la tête, des anneaux étincelants à leurs doigts, les Wilis dansent au clair de lune comme des elfes. Leur figure, quoique d'un blanc de neige, est belle de jeunesse ; elles rient avec une joie si effroyable, elles vous appellent avec tant de séduction ; leur air a de si douces promesses ! Ces bacchantes mortes sont irrésistibles. »

Les Laumes, des anciens Lithuaniens, sont des esprits rustiques passionnés de musique, et quelque peu voleurs. Une légende parle d'une Laume qui chaque nuit pillait un champ de navets. Une nuit, le gardien du champ, l'attira en jouant du violon. La Laume se risqua même à vouloir tenir l'archet, mais son maître lui dit que ses doigts n'étaient pas assez fins, et il lui invita à glisser sa main dans un tronc d'arbre fendu qu'il avait spécialement préparé. Très vite le piège se referma, et il fouetta la Laume prisonnière jusqu'au sang.

Les Merminnes aux cheveux verts promettent bonheur et richesse, et entraînent les imprudents au fond de la mer.

Il faut éviter tout commerce avec les Filles des Eaux, même pour suivre les conseils d'un cheval divin, et les laisser à leur royaume de cristal, à leurs jardins magiques, les fuir si elles tentent de séduire, car leurs voiles argentés et gracieux représentent l'illusion.

Les Ondines.

Loin d'être inoffensives comme pourrait le laisser croire le charme de leur nom, les Ondines sont parfois secourables et souvent vulnérables, puisque par désespoir d'amour, elles se jettent dans le Rhin, encombrant l'astral de leurs âmes errantes.

Si leur puissance n'égale pas celle des Nixes, les Ondines ont des pouvoirs de mort. Quand elles se plaignent de n'avoir pas d'âme, méfiance, leur désir caché est alors de s'unir à un homme, et elles n'apportent que la mort sous le prétexte

de la grâce et de l'amour. Dans l'eau, elles revê-
tent un autre corps et elles vivent leur temps
terrestre. L'impitoyable Nix leur impose disci-
pline et expiation.

Voici l'histoire des trois Ondines de Sinzheim,
recueillie par les frères Grimm en 1806 :

« Trois jeunes filles d'une merveilleuse
beauté, trois sœurs, se montraient chaque
soir à la veillée d'Epfenbach, près de Sinzheim, et prenaient place parmi les fileuses
de lin. Elles apportaient des chansons nouvelles et de jolis contes inconnus au pays.
D'où venaient-elles ? On l'ignorait sans oser
s'en enquérir, dans la crainte de paraître
se tenir en défiance à leur égard. Elles
étaient la joie de ces réunions ; mais aussitôt que sonnaient dix heures, elles se
levaient, et ni prières ni supplications ne
pouvaient les faire demeurer un moment de
plus.

« Il arriva qu'un jour le fils du maître
d'école, amoureux de l'une d'elles, pour
mettre obstacle à leur départ, s'avisa de
retarder l'horloge de bois qui devait sonner
l'heure de la retraite.

« Le lendemain, des gens du village
côtoyant le lac de Sinzheim entendirent des
gémissements sous l'eau, dont trois larges
taches de sang vinrent rougir la surface.

Depuis ce temps, on ne revit plus les trois sœurs à la veillée, et le fils du maître d'école ne fit plus que dépérir. Il mourut peu de temps après.

« Dans ces trois sœurs, douces, aimables, laborieuses, rien n'accusait la fréquentation de l'esprit des ténèbres. On se rappela seulement que le bas de leur robe était souvent mouillé à l'ourlet, le seul signe auquel on puisse reconnaître les Ondines, tant, du reste, elles sont semblables aux autres jeunes filles, et l'on déplorera bien amèrement la sévérité du grand Nix. »

Les Ondines ont une aura sanglante, et il n'est pas rare de les voir sortir des rivières, comme la Demoiselle de l'Elbe, « pour acheter de la viande au marché ».

La légende du Lac de Donges est une tradition orale de la Hesse. Ce lac, certains jours de l'année, prend la couleur du sang. L'histoire qui s'y rattache mélange le précieux liquide et l'eau filante. Deux belles étrangères vinrent danser à la fête du village, disparurent à minuit, mais revinrent le lendemain. Un de leurs cavaliers garda les gants de l'une d'entre elles, qui les cherchant ne vit pas minuit arriver. L'heure fatale sonnant, elles se précipitèrent vers le lac. Mais « le lendemain, le lac était rouge comme du sang, et tous les ans, à pareil jour, il reprend cette couleur. Sur les gants qui étaient restés, on voyait de petites couronnes. »

Une des coutumes des Ondines est de danser au-dessus des eaux lorsque quelqu'un doit se noyer.

Les Dames Blanches.

Les Dames Blanches sont très vénérées dans le sud de la Bohême. Si elles annoncent la mort à leurs descendants, elles prédisent aussi les mariages et les naissances, et ne dédaignent pas s'occuper des enfants.

Généralement grandes, bien tournées, coiffées du voile blanc des veuves, elles sont gantées de noir lorsqu'elles apportent une triste nouvelle. Elles se montrent alors à midi ou à minuit sur un endroit élevé, d'accès difficile, et disparaissent lentement, comme un brouillard qui se dissipe.

> « La Dame Blanche se montre dans les forêts et les prairies ; quelquefois elle vient dans les écuries avec des cierges allumés ; là elle peigne et nettoie les chevaux, et des gouttes de cire fondue tombent sur leur crinière. Quand elle sort, elle voit clair, mais, dans sa demeure, elle est aveugle. »

Curieux texte où l'Œil garde l'inscription tragique du péché et le Cœur le tabernacle des prophéties.

Les Femmes-Cygnes.

L'oiseau d'Apollon est l'oiseau prophétique de la lumière. Sa blancheur et sa noblesse lui valurent d'être attelé au char de Vénus alternativement avec les colombes.

Les Femmes-Cygnes, lorsqu'elles se baignent, déposent sur le rivage l'anneau enchanté — *Schwanring* — et leur robe en plumes — *Schwanhend*. Le téméraire qui s'en empare les tient en son pouvoir. Ce dépouillement avant le bain entraînant la suspension d'une puissance, rappelle la Vouivre qui se sépare de son escarboucle dont il ne vaut mieux pas s'emparer.

Les jeunes gens qui revêtiraient le rabenale et passeraient l'anneau à leur doigt se changeraient en cygne. L'énergie de ces vierges est toute dans leur vêtement, et qu'elles retrouvent leur bel habit, le feu sacré allumant leur sang, elles ne tarderont pas à s'envoler.

La déesse Holda.

Encore une insaisissable ! Elle demeure au fond des puits ou des lacs, et les montagnes qui entourent son royaume ne sont pas les remparts de l'enfer.

La déesse Holda processionne à travers le pays, non seulement pour vérifier les quenouilles et punir les paresseuses, mais pour distribuer bénédictions et malédictions. C'est une divinité agraire, déesse de la terre responsable de la fertilité du sol. La procession qui lui rend hommage est toujours suivie d'une bonne récolte.

« Comme Nerthus, l'ancienne déesse germanique de la fertilité, animale et végétale, elle se baigne dans les lacs. » Les nouveau-nés sortent-ils de ces lacs ? Quelles sont ces voix qui résonnent sous la terre ? La déesse bénigne se double d'une déesse redoutable. C'est une divinité de la mort qui ravit les âmes des enfants.

La Dame Hollé.

La bonne Dame Hollé, qui à Noël quitte ses humides propriétés n'est pas sans traits communs avec Frigg, déesse-mère et épouse d'Odin, qui s'était réfugiée dans un bois consacré au milieu d'une île, périodiquement envahi par les vagues. Cette solitaire était servie par un prêtre qui devait préparer son char à voiles afin qu'elle réapparaisse parmi les hommes pour répandre ses bienfaits et suspendre toute violence.

C'est aussi une déesse de la fécondité :

> « Elle donne aux femmes qui viennent la trouver dans ses eaux, la santé et la fécondité ; les enfants nouveau-nés proviennent de ses eaux, et c'est elle par conséquent qui les produit. Elle donne des fleurs,

des fruits, des pâtisseries, ce qu'elle a dessous son étang et qui croît dans un incomparable jardin, à ceux qui savent la rencontrer et lui plaire. »

Abondance, beauté et bonté. La Dame Hollé est une justicière qui ne craint pas les opérations magiques. Plongée, travestissement au cœur des ténèbres et retour :

« Elle attire volontiers les enfants dans son étang, elle porte bonheur à ceux qui sont bons, et fait des misérables de ceux qui sont mauvais. Tous les ans, elle parcourt le pays et répand la fertilité dans les campagnes ; mais aussi elle jette l'épouvante, quand elle parcourt la forêt à la tête d'une armée furieuse. Tantôt elle se montre, sous la figure d'une belle femme blanche, au fond ou à la surface de son étang ; tantôt elle y est invisible ; seulement on entend dans la profondeur un bruit de cloches et un sourd frémissement. »

Les filandières et les lavandières subissent avec crainte sa tournée d'inspection : « si, au lavoir, l'eau est devenue huileuse ou noirâtre, Dame Hollé a passé par là ; Dame Hollé a châtié la paresse ou la négligence des mauvaises travailleuses ». Si elle est satisfaite elle accroche un iris, un nénuphar ou un glaïeul à sa quenouille.

Les Nornes.

Odin, s'il est le dieu des potences, n'est pas vraiment le dieu de la guerre. Il ne participe jamais aux batailles en tant que guerrier. Quand il tue un ancien protégé, c'est qu'il pense que sa dernière heure est venue. Il enseigne des stratagèmes et des arts magiques. C'est le dieu des poètes et de la divination. Les Romains l'identifièrent à Hermès et à Mercure.

Un jour le dieu vit trois cygnes qui plongèrent la tête sous l'eau lorsqu'il leur demanda s'ils possédaient le secret de la sagesse. Trois femmes à trois âges de la vie remplacèrent les oiseaux : les Nornes étaient nées. Elles n'ont aucune influence sur la durée de vie des hommes. La première connaît le passé ; la deuxième, Vérandi contrôle le présent, comme un peintre sa toile avec un miroir ; Skulda, la troisième, a le don de prédiction.

Odin les visita souvent, acquérant grâce à ces vierges prophétesses, poésie, éloquence et logique. Mais la sagesse n'est pas une paix facile.

Pourtant que n'était-il pas prêt à leur offrir ? Son armure magique, son cheval à huit pattes qui fend l'espace comme un éclair, son aigle et son vautour, son écureuil et ses deux corbeaux Muninn et Huginn.

Les Nornes lui conseillèrent de rencontrer Mimer, qui succéda au vieux Kvasir, et dont

Odin devint un fervent disciple. En reconnais-
sance, il lui offrit un de ses yeux quand il sentit
la sagesse apaiser son cœur.

Paganisme et bonheur.

Le Rhin est un fleuve habité aux rivages san-
glants. Les batailles lui ont donné ses lettres
de noblesse. La Toison d'Or et le trésor des
Niebelungen figuraient le bonheur. Leur conquête était le but du paganisme. La chute appa-
rente d'un monde-limite permet à l'immortalité
d'étinceler. Le crépuscule des dieux s'accroche
à l'éclat des pierreries. La *Voluspa*, le livre sacré
renfermant les prophéties de la déesse Vola
précise :

> « En sortant du bain, au lieu de rester
> secs comme il leur arrive aujourd'hui, leurs
> membres conserveront une moiteur humi-
> de ; des gouttes d'eau y ruisselleront ; ils
> deviendront, de ce côté, semblables au vul-
> gaire des hommes.
> Pour conjurer ces premiers symptômes
> de malaise, la femme du dieu Bragi, Iduna,
> leur donnera à manger des pommes qu'elle
> garde en réserve. Ces pommes auront le
> don de les réconforter et de leur rendre une
> fausse jeunesse pendant quelques millions
> d'années peut être. »

CHAPITRE VII

Les Walkyries.

Ces vierges guerrières et ailées montent des coursiers de lumière, brandissent épée et bouclier, clament des chants de guerre aux combattants et murmurent des scènes de victoire aux blessés. Ces « nymphes du carnage » se plaisent dans le bruit des armes, l'odeur forte du sang et les plaintes des mourants.

Elles recueillent aussi l'âme des morts comme une goutte d'eau sur une feuille, et la confessent, espérant entendre que sa flamme a brûlé dans le cœur d'un homme libre et brave, ayant honoré les dieux. Dans ce cas, elles guident l'âme vers la *Valhalla,* séjour des dieux et paradis des héros.

Autant dire paradis de la force et du combat, puisqu'on s'y battait « durant des heures entières, les uns contre les autres, à cœur joie, avec acharnement, se transperçant, se tailladant, se détranchant en morceaux. » L'heure du dîner était l'heure du miracle : les blessures se cicatrisaient, les membres coupés retrouvaient leurs attaches, les crânes se refermaient comme des coquillages dérangés, et après les nourritures et les boissons douteuses, il était temps de goûter au nectar de lune :

> « A cette saignée périodique les peuples attribuaient les phases diverses et la diminution progressive de cet astre. Lorsqu'ils le voyaient réduit à sa plus simple expression de croissant, l'épouvante se lisait sur tous les visages et resserrait toutes les poitrines. »

La Walkyrie la plus célèbre portera différents noms : Sigrdrifa dans les chants de l'*Edda,* Brynhild dans la *saga des Völsungs,* Brünhilde dans l'épopée des *Nibelungen.* Ces textes orientent vers une origine franque de beaucoup de traditions. Sigurd, le compagnon sacré, est roi dans le Frankenland ; le Rhin est le révélateur de ces forces : dès que son épée Ram fut forgée, Sigurd la plongea dans ses eaux et jeta dans le courant un flocon de laine « qui fut coupé en deux lorsqu'il rencontra le tranchant de l'épée ».

La Walkyrie trompée de l'Edda.

Ces chants héroïques d'origine scandinave composés à diverses époques, entre le IXe et le XIe siècle, sont consacrés aux légendes mythologiques et exaltent les traditions. Plus qu'une épopée, l'*Edda* est un ensemble de chants souvent indépendants que relient des proses narratives se référant quelquefois à des chants perdus.

Les Walkyries filles de roi chevauchent leurs coursiers, flattent les guerriers et interprètent les runes. Ainsi la Walkyrie qui s'entretient avec Helgi :

Je sais qu'il y a des épées cachées à Sigr-
[sholm,
un peu moins de cinq fois dix ;
Une d'elles est meilleure que toutes les
[autres ;
C'est la ruine des boucliers, et elle est garnie
[d'or.
La gloire dans la poignée, le courage est
[dans la lame ;
La terreur est dans la pointe, au profit du
[possesseur.
Dans les tranchants est couché un serpent
[tacheté de sang,
Dont la queue s'allonge jusque sur la pla-
[que du pommeau.

Sigurd, le brave et généreux, vient réveiller la provocatrice Sigrdrifa, la délivrer « de ses entrailles livides ». Après avoir saisi une corne d'hydromel, salué le soleil levant, la nuit et la terre, les ases et les asynjas, dieux et déesses de la *Valhalla*, la Walkyrie s'écrie :

> *Salut à toi, campagne féconde !*
> *Donnez-nous, qui avons noble cœur, le don*
> *[de la parole et de l'intelligence,*
> *Et des mains pleines de guérisons, dans*
> *[notre vie !*

Elle avait tué le vieux Hjalmgunnar au cours d'un combat. Odin pour le venger, car il lui avait promis la victoire, piqua la Walkyrie avec l'épine du sommeil, la priva de ses pouvoirs de guerrière et décida qu'elle serait mariée. Elle était résolue à épouser celui qui ne connaîtrait pas la peur. Funeste Brynhild qui mariée au faible et résigné Gunnar, laisse grandir son amour pour Sigurd comme une plante carnivore.

Elle prophétise un destin tragique à son époux, et elle-même a des projets funestes :

> *Elle embrassa du regard tout ce qu'elle*
> *[possédait*
> *Les esclaves misérables, et les femmes ses*
> *[servantes.*
> *Elle revêtit la cuirasse d'or, en proie à de*
> *[sombres pensées,*

Avant de se transpercer de la pointe de
[l'épée.
Elle retomba de son long sur le divan,
Et blessée à mort, elle prit la décision que
[voici :
« Avancez, vous qui désirez recevoir de ma
[main
De l'or ou des objets de moindre valeur ;
A chacune d'entre vous je donne une
parure garnie de métal,
Des tapis brodés, des couvertures de lit, de
[splendides vêtements.

Après sa mort, deux bûchers furent dressés, dont un pour Sigurd qu'elle avait fait assassiner par jalousie et rancune contre Gudrun. La Walkyrie fut brûlée sur « un char garni de précieuses draperies » et descendit aux enfers. Elle n'a rien perdu de son arrogance, puisqu'à la géante de la caverne, elle affirme être la plus noble.

A douze ans, elle jura amour et fidélité au jeune prince. Plus tard elle s'attira les foudres d'Odin en donnant la victoire au jeune frère d'Auda, et fut enfermée dans Skatalund, « étroitement serrée dans un rempart de boucliers rouges et blancs ». Seule la lance du chevalier sans peur fendillerait son sommeil. La Walkyrie se confesse :

Autour de ma résidence, du côté sud,

146

Il fit flamber bien haut « le destructeur de
[tout bois » ;
Il déclara que seul le héros franchirait
[l'enceinte,
Qui m'apporterait le trésor gardé par
[Fafnir.
Le noble dispensateur de l'or chevauchait
[sur Grani
Vers le domaine que régissait mon père
[nourricier.
Au milieu de son escorte, le viking des
[Danois
Apparaissait glorieux entre tous.
Nous dormions sur la même couche, affec-
[tueusement,
Comme s'il eût été mon frère de naissance ;
Aucun de nous deux, huit nuits durant,
N'a pu avancer son bras vers l'autre.
Gudrun, la fille de Gjuki, m'en a voulu
D'avoir dormi dans les bras de Sigurd.

Le mariage de la Walkyrie fut une tromperie,
et dans l'autre monde elle revivra son amour
avec Sigurd.

La saga des Völsungs.

La saga est un récit historique ou légendaire
en prose. La *Völsungasaga* fut écrite vers 1260.
La rencontre de Sigurd et de la Walkyrie Brynhild palpite au centre du récit.

147

Sigurd, après qu'il eut goûté le sang du cœur du dragon, comprit le langage des oiseaux qui lui annoncèrent le caprice du destin. Alors il parcourut de grandes distances et arriva au Pays des Francs. « Sur une éminence il aperçut une vive lueur qui avait l'aspect d'un feu flambant et qui projetait ses rayons jusqu'au ciel. » Il distingua ensuite un château fort dans lequel il entra. Il se trouva face à un personnage en armure qui dormait :

> « Il commença par lui enlever le casque de la tête et il constata que c'était une femme. La cuirasse qu'elle portait était si solidement fixée qu'elle semblait adhérer à la chair. Il la fendit par le haut, depuis le col jusqu'en bas, de même les deux manches jusqu'au bout. Son épée mordit le fer comme un tissu. Sigurd lui fit observer qu'elle devait avoir dormi bien longtemps. Elle demanda qui avait eu la force d'entailler la cuirasse. »

Magicienne dormant au milieu des flammes ? Rempart de boucliers étincelants ou enceinte initiatique ? Les Walkyries sont des prophétesses qui savent interpréter les rêves et le sens caché des runes. Ces femmes surhumaines persévèrent dans leurs plus folles entreprises : amour ou perfidie. Sigurd, charmé par les sages conseils de Brynhild, voulait l'épouser. Elle répondit à son désir et ils se lièrent par serment.

Sigurd visita ensuite le roi Gjuki dans ses domaines des bords du Rhin. La reine Grimhild était magicienne et avait trois fils : Gunnar, Gutthorm, et Högni et une fille très belle, Gudrun. La noblesse de Sigurd séduisit la reine qui voulut lui donner sa fille en mariage. Elle lui fait boire pour cela un breuvage qui lui fait oublier Brynhild et son serment. Il demeura deux ans au royaume de Gjuki et le mariage fut célébré comme l'avait prévu la Walkyrie lorsque Gudrun était venue la consulter pour qu'elle lui explique la signification d'un rêve :

> « Je vais t'expliquer comment les choses se passeront plus tard. Sigurd que j'ai choisi pour être mon époux se présentera chez vous. Grimhild lui offrira de l'hydromel mêlé d'ingrédients nocifs, ce qui nous causera à tous de graves malheurs. C'est lui que tu épouseras, mais tu le perdras bientôt. Tu épouseras ensuite le roi Atli ; tu perdras tes frères et finalement tu tueras Atli. »

Sigurd se lia avec Gunnar et Högni d'une fraternelle amitié. Gudrun donna naissance à un fils Sigmund. La reine décida son fils Gunnar à demander la main de Brynhild. (« Certes, elle est belle, et cette idée me sourit. ») Mais la Walkyrie avait fait le vœu de n'épouser que le téméraire qui franchirait le rempart de flammes encerclant sa résidence. La troupe se mit donc en route. En effet, autour du château aux toits d'or de la Walkyrie des flammes s'élançaient. Gunnar voulut franchir cette première condition ; son cheval recula. Sigurd lui prêta son fidèle Grani pour qu'il puisse vaincre les flammes. Le cheval ne reconnut pas son cavalier et ne se risqua pas. Décidément Gunnar n'était pas un initié. Suivant les instructions de la reine magicienne, ils « échangèrent leurs formes, et là-dessus Sigurd se mit en route, l'épée Gram à la main. Il avait des éperons d'or fixés à ses pieds ». La muraille de feu sembla s'élever, la terre trembla. Sigurd chevauchait dans le mystère. Le feu se courba comme une forêt en prière. Sigurd descendit de cheval et se présenta à Brynhild sous les traits de Gunnar. La Walkyrie était d'une « humeur sombre semblable à un cygne penché sur les flots, l'épée en main, le casque sur la tête et revêtue de la cuirasse ». Elle ne put refuser d'épouser son héros. Sigurd « resta trois nuits et ils occupèrent un seul et même lit. Il prit son épée Gram et la posa nue entre eux deux ». Ce pacte était les noces du chevalier, mais ne serait pas suffisant pour le tenir loin de la mort. Il lui retira le « joyau d'Andvari et lui offrit une autre bague prise dans le trésor de Fafnir. Il franchit de nouveau le cercle de feu, et Gunnar et Sigurd reprirent leur forme première. Brynhild alla voir son père nourricier et lui confia Aslang, la fille qu'elle eut avec Sigurd, pour qu'il veille à son éducation. Ainsi la Walkyrie pouvait-elle se considérer comme l'épouse de Sigurd, bien que le récit fut assez discret à ce sujet.

Une curieuse scène de jalousie et de menaces se déroule pendant le bain de Brynhild et de Gudrun. La Walkyrie s'avançait toujours plus loin dans le fleuve, comme si elle gravissait les degrés d'une pyramide. Elle abaissa Gudrun et dénigra son époux. Gudrun lui révéla qu'il avait été son premier époux et lui montra le « joyau d'Andvari ».

Après cet entretien, Brynhild est comme morte. Elle se ressaisit et se querella avec Gunnar, qu'elle tenta d'assommer dès que lui fut révélée l'imposture du feu. Sigurd laissa s'écouler sept jours durant lesquels elle fut happée par le sommeil.

Un très émouvant dialogue va se déployer entre les deux amants :

> « Je t'aime plus que moi-même, bien que j'aie trempé dans le complot ; mais il n'y a plus rien à changer. Chaque fois, en effet, que je rentrais en moi-même, je me désolais que tu ne fusses pas ma femme. Je m'en cachai autant que possible, quand je me trouvai dans la résidence royale, et

malgré tout j'étais heureux de vous voir tous réunis. Il peut arriver aussi que les prédictions se réalisent, et l'on ne doit pas s'en plaindre. »

Brynhild lui reprocha d'avoir trop tardé à apaiser sa douleur, et que le moment n'était pas aux rêves paisibles :

« Il ne faut pas parler de la sorte ; je ne veux pas posséder deux rois dans la même résidence ; je sacrifierai ma vie plutôt que de tromper le roi Gunnar. »

Sigurd ne réussira pas à fléchir Brynhild. Sa loyauté et sa fidélité formèrent cuirasse.

Puisqu'il fallait que Sigurd ou Gunnar périssent, ce dernier décida que son jeune frère Gutthorm se chargerait de la besogne. Avec la complicité de Högni, il lui fit avaler un breuvage composé par un magicien noir qui l'enflamma pour le combat. Il profita du sommeil de Sigurd pour lui passer son épée à travers le corps, ce qui n'empêcha pas le brave de saisir Gram et de trancher en deux le corps du meurtrier.

« Personne ne paraissait se rendre compte que Brynhild avait exigé par plaisanterie ce qu'elle déplorait maintenant les larmes aux yeux. » Décidée à rejoindre Sigurd dans l'autre monde, elle se plongea une épée dans la poitrine. Les soins s'ordonnèrent autour du cadavre de celui qui avait tué Fafnir. Les flammes purifièrent son corps, ainsi que celui de son fils âgé de trois ans que Brynhild avait fait massacrer et enfin le corps de Gutthorm. Ces meurtres faciles répugnent et l'élan d'ignorance n'arrive pas à masquer la sagesse suprême : nous ne sommes pas ce corps. La Walkyrie rentra dans les flammes comme dans un bain chaud, distribua son or aux jeunes personnes attachées à son service et mourut.

La grande haine.

L'épopée des *Nibelungen,* qui fut composée vers 1200, repose sur des traditions littéraires plus anciennes. Cette épopée de la barbarie brasse les traditions odiniques, les frasques d'Attila et les exploits des Bourguignons.

Nibelung ou Niflung — Nifl le nébuleux — pourrait s'appliquer à la lointaine divinité de la mer surgie des origines. Le fils de Nifl se déploierait en triade : Aegir ou la mer houleuse, Oïn ou les vagues ondoyantes, et Andvari ou le tourbillon. Mais le mot « Nibelung » ne désignerait-il pas plutôt les Burgondes établis sur le Rhin ?

Que devient la Walkyrie Brünhilde dans cette

épopée ? Le quatrième chant la campe en reine combattante :

> « Il était une reine qui résidait au-delà de la mer. En nulle contrée on ne connaissait qui put à elle se comparer. Elle était belle outre mesure et sa force était très grande. Avec de preux chevaliers elle joutait à la lance, son amour était l'enjeu. »

Son habileté n'a d'égale que sa cruauté :

> « Elle jetait loin une pierre, et sautait jusqu'à elle. Qui désirait son amour devait vaincre sans faute dans trois jeux chevaleresques cette dame de haut lignage. Si dans un seul il était vaincu, il le payait de sa tête. »

Le roi Gunther, frère de Kriemhilde que chérit Sifrid, voudrait épouser « cette avenante dame ». Il demande l'aide de Sifrid qui, en échange, demande la main de Kriemhilde. Les serments échangés, ils s'embarquent sur le Rhin. Enfin, c'est la rencontre avec Brünhilde. Au prétendant, il reste les épreuves : jet de pierre, saut et joute à l'épieu. Jamais Gunther ne sortira vainqueur. Alors Sifrid court au bateau, et revêt la tarnkappe, le manteau qui rend invisible, afin de lui prêter main forte. Grâce à cette supercherie, la Walkyrie est vaincue et suit

Gunther emmenant avec elle « quatre-vingt-six dames, en outre cent demoiselles ».

Les deux mariages sont émaillés de jalousie. Brünhilde pleure et n'admet pas la présence de la belle Kriemhilde aux côtés de Sifrid. Plus tard, elle refuse de se donner au roi, et comme il insiste pour conquérir son amour, elle lui lie pieds et mains et l'accroche à un clou planté dans la muraille de la chambre ! Il raconte sa mésaventure à Sifrid : « En grand émoi j'y pendis jusqu'au jour, avant qu'elle me déliât. » Ruse scabreuse, cette nuit Sifrid revêtant la tarnkappe, doit dompter l'indomptable. Après un vigoureux combat Brünhilde se soumet et Sifrid lui retire son anneau d'or. Elle n'aura pas désormais plus de vigueur physique qu'une autre femme.

L'amour ronge-t-il le cœur de la Walkyrie ? Sifrid a regagné ses terres et elle se languit de sa présence. Comment demander au roi la faveur de le faire revenir si ce n'est en invoquant la joie de revoir Kriemhilde ? L'amour est une scie dont il vaut mieux s'éloigner : aux premières retrouvailles, « elle l'aimait encore assez pour n'en pas vouloir à sa vie », le temps passe et « Brünhilde à ses hôtes était encore favorable » mais « bientôt l'amitié fut rompue, tuée par une grande haine ».

Les deux reines échangent des injures. Sous les robes somptueuses courent des mauvaises pensées. Les mots débordent et Kriemhilde traite Brünhilde de concubine :

> « Celui qui le premier cueillit la fleur de ton beau corps, c'est Sifrid, mon cher époux. Non, ce n'est pas mon frère qui a ravi ta virginité. »

La passionnée éclate en pleurs et prépare sa vengeance. L'engagement de Sifrid à témoigner «devant tous les barons » que de telles paroles n'ont jamais reflété ses actes, suffit au roi. Mais dès lors, la mort du héros est entendue. La Walkyrie est funeste, et sa fréquentation redoutable.

Hagen propose un plan machiavélique : faire croire à Sifrid que les rois Saxons et Danois sont en guerre et faire révéler à Kriemhilde le secret de son mari sous prétexte de le mieux protéger :

> « Quand des plaies du dragon jaillit le sang bouillant et qu'il s'y baigna le hardi et bon chevalier, entre ses épaules vint à tomber une large feuille de tilleul. C'est là qu'on peut l'atteindre : et c'est la cause de ma crainte et de ma douleur. »

Au cours d'une chasse à l'ours et au sanglier, alors qu'il buvait, penché sur une fontaine, le félon Hagen « le frappa au travers de la croix, si bien que de la plaie le sang du cœur violemment jaillit ». Bien qu'il fût désarmé — il ne lui restait que son bouclier — il réussit à terrasser le traître, et il tomba au milieu des fleurs.

Le courroux de Brünhilde était-il véritablement vengé ?

Les Ondines du Rhin et le trésor des Nibelungen.

Les sorcières font bruire l'eau des fontaines en y rafraîchissant leurs corps. Sur le Rhin, elles planent comme des oiseaux. Les Walkyries ne se métamorphosent-elles pas quelquefois en colombes ? Ces Ondines ont pour noms : Hadeburge et Siglinde et prédisent à Hagen la mort de tous les Burgondes :

> « C'est parce qu'il vous faudra mourir au pays d'Etzel. Tous ceux qui s'y rendront, donnent déjà la main à la mort. »

Le Rhin symbolise le passage de la vie à la mort. « Prenez bien garde à vous avec le passeur », recommandent les Ondines. Ce qui n'empêchera pas Hagen de lui trancher la tête et de le jeter au fond de l'eau !

Ira-t-elle rejoindre l'or enfoui sous les flots du Rhin ? Cette cristallisation de la puissance apporte la grandeur et la gloire, mais engendre la trahison et la guerre.

Sigfrid a dérobé l'or qui appartenait aux esprits des ténèbres et, par cette funeste acquisition, est tombé en leur pouvoir. Malgré l'éclat que lui prête ce trésor, il est la proie du royaume des ombres, et il doit conquérir pour le roi des morts, Brünhilde, la Vierge Rayonnante. L'anneau d'alliance sera scellé et l'or retournera dans les profondeurs du Rhin.

Primitivement le trésor, gardé par le dragon, était la propriété du roi des Nains, Nybling, qui est mort de douleur. Ce trésor était considérable et cent chariots n'auraient pas transporté toutes ses pierres précieuses. Et il y avait plus d'or que de pierreries !

Dans le *Nibelunglied*, l'Anneau s'est transformé en baguette d'or. La Tarnkappe du nain Albrich, rendait invisible et donnait la force de douze hommes.

> « Dans le trésor se trouvait une petite verge d'or, la baguette du souhait *(Wunsch)*. Celui qui en eût connu les vertus, pouvait être maître de tous les hommes dans l'univers entier. »

L'Or du Rhin.

Dans l'œuvre de Richard Wagner, les Filles des Eaux sont les gardiennes de l'Or. Ces Ondines — Woglinde, Welgunde et Flosshilde — vigilantes sentinelles, sont aussi des séductrices, et Alberich, le mauvais, lorsqu'il pénètre dans le royaume des eaux, aimerait beaucoup les serrer dans ses bras. Elles se rient du disgracieux personnage, et après un assez long badinage sous-marin, elles lui révèlent que celui qui renonce à l'amour peut ravir l'Or et s'en faire un anneau magique qui fera de lui le Maître des Vivants.

Wotan, démon des chevauchées et des tempêtes, est le père des Walkyries qui ont pour mission de hanter les champs de bataille et de ramener les héros à son château de Walhall, afin qu'une troupe de vaillants guerriers, contre les démons de la nuit soit toujours prête à lutter.

La Walkyrie Brünhilde est la fille de Wotan et de la déesse Erda, la mère des Nornes. Fille de sages, les cœurs n'ont pas de secret pour elle. Elle éprouve pour Wotan de l'affection et de la dévotion. Ainsi refuse-t-elle de faire périr son demi-frère, car elle sait que le vœu profond de Wotan est qu'il reste en vie.

Brünhilde est une belle dormant dans un enclos de flammes, et son libérateur sera non seulement un chevalier sans peur, mais celui qui mettra en péril l'équilibre des dieux. Wotan et Siegfried s'affronteront : l'épée Nothung réduira en pièces la lance du dieu. Cet effacement de Wotan — première lueur du crépuscule des dieux — entraîne le franchissement des flammes par Siegfried, le réveil de Brünhilde et la naissance de l'amour.

Siegfried, égaré, arrive au bord du Rhin où il voit s'ébattre les Ondines. Elles lui réclament l'Anneau du Nibelung qui brille à son doigt, car il est maudit, et s'il s'obstine à le porter, il sera victime de la malédiction. Cette mise en garde ne le fait pas fléchir.

Pourtant, s'il avait remis l'Anneau aux Ondines, Hagen qui voulait s'emparer du bijou, n'aurait plus eu de raison de le tuer. La Walkyrie jettera l'Anneau funeste dans le fleuve. Quand elle le lance, Hagen s'y précipite aussi. Une des Ondines se saisit de l'Anneau et les deux autres ouvrent au cupide le chemin des profondeurs.

CHAPITRE VIII

La Loreley.

A l'origine, la Loreley n'est ni une Fée, ni une prophétesse, mais la fille d'un pêcheur dont le nom Léonore s'est très vite transformé en Lore. Elle habitait avec son vieux père la dernière maison, « la plus proche du fleuve », d'un de ces villages perchés de mariniers sur les bords du Rhin :

> « Derrière la maison s'étendait une prairie qui touchait presque aux eaux limpides du Rhin. Au bord du fleuve s'élevait le rocher sombre et inaccessible, dont le pic se penchait sur le rapide courant et au pied duquel un tourbillon rendait le passage périlleux pour toute embarcation : aussi chacun fuyait-il ce lieu sinistre où l'on n'entendait que le clapotement des eaux

161

6

contre le noir écueil ou le cri perçant de l'aigle, seul capable d'atteindre au sommet du pic. »

Ce territoire de l'ombre et de l'onde contraste avec les prés et les paisibles troupeaux, et devient un endroit maudit, rendez-vous des esprits et des retrouvailles sous la lune. Mais de jour ou de nuit, la jeune et belle Lore aimait beaucoup s'y promener.

Vint la fête de la Vierge. Le curé avait choisi Lore, âgée de dix-huit ans, pour dire une prière devant la statue de Marie lors de la procession. Vêtue d'une robe couleur du ciel, d'une deuxième robe courte et blanche et d'un corsage blanc, ses tresses blondes couronnant son visage, la jeune fille s'agenouilla et récita la prière. Hélas, le ciel se couvrit et un éclair déchira le ciel. Il n'en fallut pas plus aux « fidèles » pour reconnaître la colère de Dieu contre cette créature qui commerçait avec les esprits. Surmontant leur terreur, ils se ruèrent sur Lore, malgré l'opposition du curé, et voulurent la précipiter du haut du rocher.

Un chevalier noir en armes surgit, arracha Lore des mains de la meute et l'emporta dans ses bras. Tous tombèrent à genoux et prièrent pour cette âme perdue car « le Diable en personne était venu la chercher. »

Or le chevalier était le comte Udo, que la

jeune fille, un soir qu'il s'était égaré dans la forêt avec son cheval, avait conduit à la maison de son père. Il l'avait prise pour une Fée, avec sa robe blanche, et n'avait jamais pu oublier son image. Souvent le soir ils se retrouvaient et se promenaient. Mais le comte n'était pas sans connaître les rumeurs : Lore était une sorcière, et le jour de la fête, il se tint prêt à intervenir.

Ils restèrent plusieurs jours dans une maisonnette en pleine forêt. Il partit ensuite pour son château et revint la voir tous les jours, puis espaça ses visites. Le cœur de Lore saigna.

Désespérée, une nuit, elle retourna à son rocher au bord du Rhin, pour s'y asseoir et regarder couler le fleuve. L'eau s'agita, comme si une tempête se préparait, et une apparition la visita :

« C'était l'antique Dieu du Rhin, qui attiré par les plaintes de Lore, avait quitté son palais de cristal au fond du fleuve pour la consoler. Sa couronne d'or étincelait aux rayons de la lune qui se dégageait en ce moment de l'épaisseur des nuages : un manteau bleu brodé d'argent recouvrait ses épaules où flottaient ses longs cheveux blancs ; il tenait à la main un sceptre orné de diamants aux feux resplendissants. Il s'approcha de Lore qui ne fut presque pas surprise de cette apparition ; car, dès sa plus tendre enfance, elle avait gardé la croyance aux Dieux, tout en croyant au Dieu Chrétien. »

Paganisme et christianisme, habile et dangereux dosage ! Consolation mâtinée de vengeance, car le Dieu du Rhin bafoué par le christianisme, veut retrouver son pouvoir. Voilà bien un pacte avec les forces du mal :

« Venge-moi en te vengeant toi-même. Tu es belle. Je te rendrai plus belle encore : tu as une voix harmonieuse et douce, je lui donnerai un charme irrésistible : tu attireras ces ingrats, et ils périront ici, dans ce tourbillon ! »

Lore devra être impitoyable sous peine de périr elle-même et d'entraîner son initiateur avec elle. Elle jura fidélité, piétina la pitié et voua son âme au diable : « Mon bonheur sera de les faire périr tous, et *lui* le premier ! »
La Loreley est un être malfaisant, dominé par le dieu des profondeurs. Il lui offre une harpe d'or et une couronne étincelante et la transporte en haut du rocher. Ainsi, dès qu'un imprudent passait une certaine limite, le charme conjugué de sa beauté et de sa voix le faisait s'approcher du rocher, prendre une barque et se précipiter à la mort :

164

« Une fois que le chant fascinateur de Loreley avait touché leurs oreilles, nulle force humaine ne pouvait les sauver ; ils ne regardaient plus qu'elle, dont le sourire semblait les appeler, et pendant que l'esquif se brisait contre le roc fatal et qu'ils s'engloutissaient dans les flots, leurs yeux ne quittaient pas l'enchanteresse ! »

Chaque nouvelle victime rendait son chant plus fascinant et affinait son sourire, mais toujours elle attendait le comte Udo. Après avoir abandonné Lore, il s'était marié et vivait heureux avant que le remords ne rongeât son cœur. Il voulut revoir celle qu'il avait aimée et qu'elle lui pardonnât sa trahison. Il apprit son alliance avec le Dieu du Rhin et ses ravages. Malgré le danger, il voulut la revoir. Dès qu'il entendit la voix de Loreley, qui le reconnaissant chantait de sa voix la plus mélodieuse, il fut possédé et s'élança dans le piège. L'admirer ne lui suffisait plus et « il jeta une bourse pleine d'or à la foule des pêcheurs, en demandant qu'on l'amenât aussi près que possible du rocher ».

Malgré la méfiance générale, un jeune pêcheur n'éprouvait aucune haine pour l'ensorceleuse. Il proposa son bateau au comte. Deux nouvelles âmes allaient se perdre. Mais lorsque Loreley vit le pêcheur, la pitié dans son cœur fit chavirer la vengeance et elle aurait donné sa vie pour sauver du péril celui « qui l'avait si souvent défendue contre les insultes des autres » mais le destin enroulait sans pitié leurs trois vies.

La barque fut engloutie. Les deux hommes nageaient difficilement dans les tourbillons, Loreley pardonna au comte et dit un éternel adieu au pêcheur. L'eau redevint calme et le Dieu du Rhin sortit des flots :

> « Malheureuse ! dit-il, tu as rompu ton serment, tu as eu pitié d'un mortel qui allait périr par ton charme. C'en est fait ! Ta destinée s'accomplit avec la mienne : nous allons mourir tous les deux. »

L'Antique Dieu disparut à jamais, et Loreley jetant un dernier regard à sa contrée, lança sa harpe dans le Rhin et s'y précipita ensuite. L'illusion — la chair sur les choses — avait été la plus forte !

CHAPITRE IX

La Concubine du Ciel.

T'ien-fei est vénérée comme protectrice des navigateurs, et comme une déesse de la fécondité. Les temples élevés en son honneur bordent les rivières et les fleuves. Les trois déesses qui les ornent seraient les filles du prêtre taoïste Lin-ling-sou.

Le Ciel et la Terre l'Empereur et l'Impératrice sont les deux premières dignités. « La troisième dignité est réservée à l'Esprit ou aux Esprits des eaux et ces esprits féminins sont les concubines de l'Empereur ou du Ciel. »

L'Esprit de l'eau est féminin et il y a trois T'ien-fei. T'ien-fei naquit dans l'île de Meitcheou. Elle ne fut pas conçue par la voie ordinaire, « mais par la manducation d'une fleur mystérieuse, nommée Yeou-pouo-hoa, ou encore Yeou-t'an-pouo, que la déesse Koan-in donna à sa mère » comme il est écrit dans le *Tchong-tseng-cheou-chen-ki*. T'ien-fei naquit quatorze mois après sa conception dans le sein maternel, le vingt-troisième jour du troisième mois de l'année 742 après le Christ. A cinq ans elle récitait des prières et dansait en l'honneur des Esprits. Un jour elle vola, et, divinité protectrice, sauva ses frères aux prises avec la mer déchaînée en sortant de son corps. Elle refusa de se marier et mourut dans la maison de son père Lin. Dans une autre tradition, elle est fille d'un officier militaire et meurt à vingt-sept ans.

La déesse de la rivière Lô.

L'Esprit du Lô est Mi-fei, fille de Mi-hi ou Fou-hi. Elle se noya dans cette rivière et en devint l'Esprit. La légende se déroula à l'époque des trois royaumes, au temps de l'empereur Ming-ti. La déesse apparaît en soupirant lorsque la lune brille et que la brise est douce. Elle affirma à un joueur de luth lettré être la reine Tchen.

Un vieux conte fait de Ho-po et de Yi l'archer, des adversaires. Ho-po avait pour épouse la déesse de la rivière Lô. Yi tira sur Ho-po métamorphosé en dragon blanc et lui perça l'œil gauche. Ho-po était malfaisant et exigeait des victimes humaines.

La capture de douze Esprits.

« Vois, dit Ho-ming-chan à son disciple, cette projection blanche sur la montagne Yang-chan (montagne du principe mâle) ; certainement il y a là des esprits malfaisants, allons-y pour les mettre à la raison. »

En chemin, ils croisèrent douze femmes, probablement des mauvais génies. Le maître les questionna sur l'origine de la gerbe blanche. « C'est le principe féminin de la terre », répondirent-elles. Le maître dessina un phénix aux ailes d'or sur un talisman qu'il fit tournoyer au-dessus de l'étang habité par un féroce dragon. Le dragon épouvanté s'enfuit et l'étang s'évapora. Le maître planta alors son épée en terre, et un puits d'eau salée se forma.

Les douze femmes lui offrirent chacune un anneau de jade et voulurent l'épouser. Il serra les anneaux dans ses mains jusqu'à ce qu'ils n'en fissent plus qu'un seul. « Je vais jeter cet anneau dans le puits et celle d'entre vous qui réussira à l'en tirer deviendra mon épouse. » Elles se précipitèrent toutes dans le puits et il en ferma l'ouverture. Elles n'en sortirent plus jamais et devinrent les Esprits du puits.

L'Immortelle des Eaux ; Ho-kou.

Une jeune fille nommée Ho-kou, de la famille du mandarin de Tch'en-ts'ang alla habiter

Ki-tcheou. Un jour qu'elle cueillait des herbes avec ses compagnes sur les bords de la rivière Ngeou-i-sié, trois jeunes gens lui annoncèrent que le duc des mers de l'Est l'avait choisie pour épouse et l'invitait à se rendre auprès de lui. Les envoyés étendirent un tapis sur l'eau et prièrent Ho-kou d'y prendre place. Ses compagnes prévinrent les parents de la jeune fille qu'elle était devenue l'Immortelle des Eaux. Cette contemporaine de Mi-fei disparut en glissant sur les eaux de la rivière et promit de donner de ses nouvelles à la quatrième lune.

Choei-mou-niang-niang.

La légende locale de la destruction de l'ancienne ville de Se-tcheou au XVI⁰ siècle par les eaux déchaînées du Hong-tché-hou, s'est répandue dans toute la Chine.

La déesse des eaux était la sœur cadette de l'éléphant blanc transcendant, gardien de la porte de Bouddha. Cet éléphant est le principe subtil de l'eau métamorphosée.

La déesse maléfique inondait la ville chaque année. Le dieu du Ciel demanda aux rois du Ciel de s'emparer d'elle pour la neutraliser. Mais sa ruse était grande.

Un jour qu'elle transportait deux seaux d'eau aux portes de la ville, Li-lao-kiun acheta un âne qu'il conduisit boire l'eau des seaux. Ces seaux magiques contenaient la source des cinq grands lacs, et l'âne ne put boire entièrement l'eau. La déesse renversa un des seaux et l'eau qui restait suffit à inonder la ville et à l'ensevelir.

Même Suen-heou-tse, le courrier rapide, ne réussit pas à la rattraper et demanda l'aide de Koan-in-p'ou-sah. La déesse fatiguée par la poursuite eut faim, et rencontrant une marchande de vermicelle, elle en avala deux bols. Mais le vermicelle se changea en chaînes de fer qui lui nouèrent les entrailles et ressortirent de sa bouche. La marchande qui avait imaginé ce stratagème n'était autre que Koan-in-p'ou-sah. La déesse implora Suen-heou-tse de l'abandonner dans un puits profond au bas de la montagne de Hin-i-hien, et de l'y attacher solidement. Telle est la prison liquide de Choei-mou-niang-niang. Seule l'extrémité de la chaîne apparaît à la période des eaux basses.

Le reflet de lune.

Après avoir vu une étoile filante, la mère du futur Yu le Grand avale une graine de yi-yi. Son torse s'ouvre et elle donne naissance à Yu. Ces graines ont des vertus médicinales et magiques : elles purifient et allègent le corps. Ce sont des coupures de lune et l'anneau d'immortalité ne retrouvera sa forme qu'à la chute des reflets. Selon les *wei-chou,* la mère de **Yu** ramassa dans une source au pied de la montagne du Nœud de Pierre une « essence de lune » de la grosseur d'un œuf qui favorisa sa conception.

Les deux serpentes.

Niu-koua créa les premiers humains. Avec de la terre jaune elle fit les nobles, et avec de la boue les classes inférieures. Elle lutta contre les eaux déchaînées — en faisant des barrages de cendres de roseaux — que le monstre Kong-kong avait troublées en fendant d'un coup de corne un des piliers de l'univers. Elle pansa les blessures du Ciel avec les pierres de cinq couleurs du Mont de l'Auguste Mère, et coupa les pattes d'une tortue pour remplacer les piliers aux pôles.

Niu-koua et sa sœur et épouse Fou-hi sont deux serpentes.

La mère de l'ancêtre des Yin.

Kien-ti, l'épouse de Kao-sin, se baigne avec deux femmes. Une hirondelle laisse tomber un œuf qu'elle ramasse et avale. Ce thème de l'œuf avalé, qui précède la naissance, est fréquent : l'oiseau noir et la fileuse, l'œuf et l'être solaire, l'œuf et le chien magique.

La déesse du Wou-chan.

Sur le mont de la Sorcière se trouvait le Kao-t'ang, sanctuaire de la divinité Yao-ki révérée par les rois. Au-dessus du mirador de Kao-t'ang s'élevait deux nuées vaporeuses : Tchao-yun, la Nuée matinale et Hing-yu, la Pluie régulière. Comme il est dit par Song Yu dans le *Kao'-t'ang fou* :

> « Il arriva jadis que l'ancien roi vint se promener à Kao-t'ang ; fatigué, il s'endormit en plein jour et vit en rêve une jeune femme qui lui dit : « Je suis la plus jeune fille du Souverain, mon nom est Yao-ki. Morte avant d'avoir été mariée, j'ai reçu en domaine la Terrasse du Wouchan. Mon âme est devenue une plante qui, dès qu'on la cueille, devient l'herbe magique, si on la mange on séduit qui l'on veut et on le rencontre en rêve. Moi qui suis fille du Wouchan et qui réside au Kaot'ang, j'ai appris que vous monseigneur, vous veniez au Kao-t'ang : je désire vous présenter l'oreiller et la natte. » Alors le roi l'approcha. Quand ils se séparèrent, la Dame lui parla en ces termes : « Je réside à l'adret du Wou-chan, dans les escarpements de cette haute montagne. A l'aube, je suis Tchao-yun, la Nuée matinale, le soir je suis Hing-yu, la Pluie régulière ;

et ainsi chaque matin et chaque soir, au pied de la Terrasse méridionale. »

L'Immortelle était aussi la Dame Efflorescence de nuages à qui Yu le Grand avait demandé de l'aide pour maîtriser les eaux. Le mont de la Sorcière dressait ses pics menaçants et réservait ses trésors aux âmes religieuses. C'est dans ce décor à double face que Yao-ki, la vingt-troisième fille de Si-wang-mou rencontra Yu :

> « Yu qui était en ce temps occupé à régler les eaux débordées fit halte au pied de la montagne. Or une tempête survint qui ébranla falaises et vallées et que Yu ne put maîtriser. Aussi allait-il visiter la Dame Efflorescence de nuages, la salua et lui demanda de l'aide. Elle commanda alors à sa suivante de remettre à Yu un écrit par lequel il pouvait convoquer les esprits, puis elle ordonna aux esprits K'ouang-tchang, Tong-lu et d'autres, d'aider Yu à fendre les rochers pour libérer les flots, à ouvrir des passages dans les obstacles afin de faciliter l'écoulement des eaux. Yu la remercia rituellement [6]. »

La déesse initiée au Tao pouvait dévier les vents et dompter les phénomènes naturels, revenir à l'esprit et se métamorphoser en intelligence volante. C'est une fille de la Mère de Métal et le passage des règnes n'a plus pour elle aucun secret :

> « Elle s'était transformée en pierre, puis il la vit qui s'envolait soudain pour se dissoudre en un léger nuage, puis qui s'immobilisait, se condensait et devenait une pluie vespérale ; il la voyait se métamorphoser tantôt en un dragon prenant ses ébats, tantôt en une grue volant çà et là : elle prenait ainsi mille formes et apparences diverses si bien que Yu ne put l'approcher [7]. »

Elle arrive à faire douter de ses puissances. Pourtant elle veille aux portes de l'Immortalité. L'assemblage des cristaux a lieu sur la Terrasse des Fleurs de Jade.

> « Qu'elle apparaisse et disparaisse et qu'elle se métamorphose, est chez elle tout naturel : c'est qu'elle a su figer le Souffle, réaliser la condition des Tchen (Immortels) et s'unir au Tao. Elle n'est pas un corps issu d'une matrice et sujet aux transformations naturelles, elle est une condensation de Yin [8]... »

Les présences correspondent, et la déesse des eaux garde entre ses bras l'Œuf du Monde. Cette union accessible s'appuie sur la Nature.

La lune et ses merveilles.

Dans le *Hiuan-tchong-ki,* il est écrit :

> « Au nord sur le mont de la Cloche, il y a une pierre semblable à une tête humaine, l'œil gauche est le Soleil, l'œil droit la Lune ; quand l'œil gauche s'ouvre, c'est le jour, quand l'œil droit s'ouvre, c'est la nuit. »

A moins que le Dragon dont le souffle engendre l'été et l'hiver ne prête ses yeux.

Au début de chaque mois, la mère des douze lunes, femme de l'empereur Ti-siun, baigne ses filles dans un lac. Ces douze lunes représentent les douze mois lunaires. Un mystérieux cocher, homme ou femme, conduit le char des lunes.

Il y a dans la lune deux animaux : le lièvre et le crapaud, qui est peut-être une incarnation de Tch'ang-ngo, la femme de l'archer Yi. Au milieu de la lune s'élève un palais : le Palais du Froid Immense (Kouang-han kong) richement ouvragé et pavé d'or. La reine de ce palais est Tch'ang-ngo qui aime à se regarder en son miroir à mains. Ses suivantes sont des « filles blanches » qui portent de longues robes et de grandes ceintures, jouent de divers instruments de musique, chantent et dansent en répandant des fleurs.

La lune est l'ancêtre du yin. Elle est eau et dispense les premières étapes du chemin d'Immortalité.

CHAPITRE X

Les eaux d'en haut et les eaux d'en bas.

Le *Rig-Véda* fait une distinction entre les eaux terrestres, *khamitrimah,* et les eaux célestes, *divyâh âpah,* différentes des eaux de pluie, qui accompagnent le soleil.

Les fleuves et les rivières tombent finalement dans la bouche de Varuna, et constituent le domaine des eaux, royaume de Varuna et de Yama, ainsi que le domaine de Vritra.

Le combat entre Indra et Vritra est un combat pour les eaux. Elles seront libérées lorsque le démon de la sécheresse et de l'obscurité qui les retient dans l'hémisphère inférieur sera terrassé par Indra.

Les eaux et la lumière sont étroitement liées :

« La libération des eaux entraîne la victoire de la lumière, du soleil et de l'aube.

Indra a gagné la lumière et les eaux divines [9]. »

Le cycle des eaux fait qu'elles retournent dans la mer Vouru-Kasha pour se purifier. Au milieu de cette mer pousse l'arbre des semences que les rivières aériennes ont apportées et que la pluie redistribuera sur la terre.

La loi des phénomènes célestes.

Les peuples anciens, en regard de leur histoire mythologique, ont vécu. Ils ont trouvé des lois naturelles indépendantes des exploits des dieux. Ne serait-ce que la constatation d'une régularité dans l'apparition des saisons.

C'est ainsi que si les douze mois lunaires ne correspondaient pas à l'année solaire, ils s'aperçurent que cinq fois douze mois par contre recouvraient à peu près l'année.

Le feu du ciel fait tomber l'eau froide qui fera pousser l'herbe. Donc la vache mange une nourriture froide, et néanmoins elle est chaude. C'est qu'il y a une vertu ignée dans l'eau froide. Ainsi deux morceaux de bois substance froide allument le feu : donc il n'était pas éteint. L'eau est le lieu de naissance du feu. D'ailleurs la libération de l'eau est aussi la libération des vaches.

Le vent attise le feu, et l'eau charrie le feu latent.

Les Apsaras.

Elles sont les épouses ou les amantes des Gandharvas habitant l'éther. Nées de Kaçyapa ou du barattement de la mer, ce sont les Nymphes des eaux. Elles aiment les arbres, et jouent du luth et des cymbales. Comme pour les Femmes-Cygnes, il suffit de leur voler leurs vêtements pendant qu'elles se baignent, pour devenir leur maître.

« Celles qui circulent dans l'eau » servent les dieux grâce à leurs talents voluptueux. Ainsi elles vont séduire les ascètes dont les austérités menacent les dieux, et l'écartent de ses dévotions. Ménâ ou Menakâ séduisit le sage Visvâmitra et devint la mère de Çakuntalâ.

La plus illustre, Urvaçî, épousa le roi Purùravas. Cette légende n'est pas sans rappeler les conditions que les serpentes mettaient à leur mariage. Purùravas ne doit jamais se montrer nu à sa femme. Mais les mystérieux Gandharvas ne veulent pas que l'Apsara demeure avec un simple mortel et vont tout mettre en œuvre pour que la promesse ne soit pas tenue. Ils provoquent un bruit nocturne qui fera se précipiter le roi au bas de son lit. Un éclair révèle sa nudité, Urvaçi l'a vu et doit donc disparaître. Eploré, le roi ira à sa recherche, et la retrouvera se baignant dans un étang. Elle refusera de le rejoindre proclamant qu'elle est aussi « insaisissable que le vent ». Elle le consolera, l'empêchera de mourir : « Il n'est point d'amitié possible avec les femmes : leurs cœurs sont comme ceux des hyènes. »

L'Apsara Rambhâ tomba amoureuse du jeune roi Sushena qui s'ennuyait de ne pas avoir de fiancée. Elle donnera naissance à un enfant et enlevée par Râvana regagnera les Cieux. C'est une loi céleste que ce retour, car les Apsaras sont des exilées.

Leur nombre, réparti en gana, est variable : trente-cinq millions dont mille soixante seraient les chefs, et dont douze seulement sont illustres.

Elles vivent à la cour d'Indra avec les chanteurs et les musiciens célestes. Bien que dangereuses pour les femmes, elles sont les divinités du mariage. Elles favorisent la chance au jeu. Dans le paradis d'Indra, elles récompensent les mortels tombés sur les champs de bataille.

D'autres déesses des eaux.

Les Nâginis ou Nâgis ont des têtes de femmes et des corps de serpent. Ces démones sont des voluptueuses dont la capitale souterraine est Bhogavatî. Elles sont les descendantes de Kaçyapa et de Kadrû, l'une des filles de Daksa. Les Nâgis ne sont pas toujours malfaisantes, même si elles dérobent les richesses aux humains. Au Cachemire et au Cambodge, les Dragons et les Nâgas — le mot signifie — « source » — sont en rapport avec l'eau.

Adrikā était une Apsaras maudite par Brahmā qui l'avait métamorphosée en poisson. Alors qu'elle nageait dans la Yamunā, elle fut fécondée par la semence du roi Uparicara, qu'un vautour portait sur une feuille et qu'il avait laissé choir dans la rivière. Les pêcheurs trouvèrent dans son ventre deux jumeaux — une fille et un garçon — qu'ils présentèrent au roi, qui les adopta. Mais la jeune fille gardait l'odeur du poisson. Le puissant roi Parāçara qui voulait s'unir à elle lui accorda le don de répandre une odeur agréable. Vyāsa, l'auteur des *Veda*, naquit de leur mariage.

Une tradition locale relative au début de la colonisation indienne au Fou-nan rapporte que le brahmane Kaundinya vit en rêve un génie lui remettre un arc et l'inviter à prendre place sur une jonque. Au matin, le brahmane se rendit au temple du génie, trouva un arc au pied d'un arbre et s'embarqua. Il arriva au royaume de la Nâgi Sôma. Kaundinya tira une flèche, la reine fut enchantée et épousa le brahmane qui devint roi. De cette union est née la première dynastie des rois du Fou-nan.

Ainsi Magiciens et Nâgis en s'unissant fondent des dynasties de rois et d'empereurs. Le thème de la créature — néfaste ou non — que l'on abandonne à un fleuve se retrouve dans bien des légendes, chinoises, birmanes, comme celle de l'escargot Hoi-i dans son pot d'or dérivant sur un radeau qui arrivera au pays des Nâgas.

Les Kinnaris sont de belles musiciennes.

De la lune naît la pluie.

Les Constellations, les Nakshatras sont les filles de l'Art rituel (Daksha). Elles sont les épouses de la Lune qui est la coupe d'ambroisie et le régent du mental. Calice qui s'emplit de lui-même de ce nectar divin : le soma symbolise l'offrande, la grâce et la douceur.

La Lune règne sur les Constellations et les sphères éternelles. Elles réunit le mental et l'eau de désir. Elle est le résultat de l'opération hermétique du regard qui transmuta les os de la luxure.

Chaque jour, les dieux boivent le nectar d'un doigt — kalâ — de la Lune. Au moment de la nouvelle lune, *amâvâsyâ,* il ne reste plus qu'une seule kalâ. L'ambroisie du dernier doigt est aspirée par le démon Râhu, dont la tête demeure immortelle, lors de l'éclipse solaire :

« Car le Soleil est le principe de la vie et les eaux primordiales sont la Lune. Ces eaux sont la source de tout, de ce qui est

182

visible et invisible. Les eaux sont à l'image du tout [10]. »

La Lune a une représentation masculine : le dieu Candra, dont le front est orné d'un croissant, est assis sur un char à trois roues tiré par dix chevaux « plus blancs que le jasmin » et guidé par deux cochers. Parfois deux reines l'accompagnent ou il monte une antilope. La blancheur est un privilège intérieur :

> « Le Dieu-Lune est blanc, vêtu de blanc, il porte des ornements d'or. Il est assis sur un chariot que tirent dix chevaux. Il a deux bras et porte dans une main une massue tandis que son autre main fait le geste d'éloigner la crainte [11]. »

La Lune est née du barattement de la mer, et fut ramenée à la surface lors de cette pêche miraculeuse :

> « Lorsque l'Océan fut baratté, la Lune en jaillit joyeusement juste après la déesse de la Fortune, et répandit de ses mille rayons une douce clarté. »

Candra enleva Târâ ou Târakâ, l'épouse de Brhaspati, pour en faire sa femme. Ce fut l'origine de la guerre entre les dieux et les démons. La terre fut ébranlée et la Lune coupée en deux par Shiva. Brahmâ arrêta les combats et l'épouse retourna à son mari.

CONCLUSION

Le druidisme, né du feu des croyances orientales, greffa à ses traditions la vénération des fontaines et des fleuves. Parfois, un *Proefectus aquae,* résultat d'une étreinte linguistique, dresse sur les bords du Rhin un autel aux Nymphes. Les fleuves étaient honorés comme des divinités. Les dieux Borvo et Granus et les déesses Damona et Sirona personnalisaient les sources thermales.

La puissance magique de l'eau est la lumière de son culte. La boisson et le bain devinrent des gestes rituels. Des moments privilégiés se découvrent : l'aurore ou minuit, dates, comme la Saint-Jean, où le feu et l'eau communient. Pétrarque, dans une lettre, mentionne que « grâce à ces ablutions, accompagnées de certaines prières » le Rhin « emportait avec lui, au courant de ses flots rapides, tous les maux qui, sans cela, vous auraient atteints dans l'année. »

Des documents contiennent de véritables traités des eaux : le *Secret des Secrets,* compilation de croyances du VIIe et VIIIe siècles, affirme :

> « Les eaux douces sont moins épaisses que l'eau salée, comme on le voit aux bateaux qui s'enfoncent plus profondément dans les fleuves que dans la mer. Il est cependant plus facile de s'y noyer. »

Ou encore *l'Image du Monde, le Roman de Sidrae,* rédigé à la fin du XIIe siècle par un Occidental ayant vécu en Orient, et le *Livre du trésor de Brunet Latin* où l'on peut lire :

> « L'eau qui entoure la terre s'appelle mère Océane, c'est d'elle que toutes les autres mers, fleuves et fontaines naissent premièrement, pour y retourner à la fin. L'eau circule dans la terre comme le sang dans l'homme. »

Malgré le sacré de leur royaume, les Filles des Eaux cultivent la Fascination et la traîtrise, comme ces Lavandières qui aidèrent Saint Lucien portant sa tête coupée à traverser le gué de Diauroy en « tirant la toile » et qui prononcèrent le nom du diable pour que le linge se déchire. Les pièces d'or fixeront ces blancs squelettes du matin. Les Blanches Fées, Blanches Mains et Milloraines ne valent guère mieux. Un de leurs plus étonnants traquenards était la foire qu'elles avaient coutume d'organiser dans la Cité de Limés en Normandie :

« Là elles excitaient la convoitise des assistants par l'offre des marchandises merveilleuses que recèlent leurs trésors magiques : c'étaient des plantes surnaturelles, guérissant les maladies de l'âme aussi bien que les blessures du corps ; des parfums qui rendent la jeunesse immortelle ; des fleurs qui chantent pour charmer les ennuis du cœur ; des pierres précieuses, dont chacune est douée d'une vertu particulière : le grenat, qui fait braver tous les dangers et préserve de tous les malheurs ; le saphir, qui rend chaste et pur ; l'onyx, qui donne santé et beauté, et fait revoir en songe l'ami absent ; puis, des pierres antiques qu'une main inconnue a gravées, et dont chaque image est un talisman de bonheur et de gloire ; des armes invincibles, des miroirs magiques où se lit l'avenir, où se dévoilent les plus intimes secrets de l'âme ; des oiseaux devins, comme le Caladrius, qui s'empare de la maladie avec un regard, mais qui détourne sa vue de ceux qu'il ne peut guérir et dont la mort est proche ; de beaux oiseaux parleurs, de la même famille que le perroquet de la reine de Saba, qui débitent les leçons d'une philosophie si simple et si persuasive, que les œuvres les plus sublimes les plus grands génies parmi les hommes, n'ont jamais rien enseigné de semblable ! Ajoutez à ces précieuses merveilles tout le léger bagage des toilettes féeriques : de magnifiques écrins où brillent, au lieu de diamants et avec des feux mille fois plus étincelants et plus limpides, des gouttes de rosée que l'art des fées a su cristalliser ; une collection de petites ailes de fées, souples et flexibles, parées d'une mosaïque à mille couleurs, pour laquelle ont été dépouillés les plus jolis insectes de la création ; des tuniques aériennes, tissées de ces filandres cotonneuses qui voltigent dans les airs, ou s'étendent sur les prairies, durant les belles journées de l'automne ; de mignonnes aigrettes formées de ces globes duveteux qu'un souffle éparpille ; de folâtres écharpes que l'arc-en-ciel a teintes ; en un mot, tous les présents coquets de la nature, mis en œuvre avec de prodigieuses délicatesses de travail et d'art [12]. »

Mais gare à qui serait tenté par ces illusions, les perfides s'en empareraient et le précipiteraient du haut d'une falaise !

Bien que pleines de grâce et de jeunesse elles ont perdu les *qualités* divines. Ces émanations lunaires règnent aussi sur les arbres et les plantes. Héra ne naquit-elle pas sous un saule dans l'île de Samos ? La lune contrôle les eaux et joue un rôle important dans les catastrophes mythiques. C'est un astre tragique qui meurt une fois par mois et ressuscite le troisième jour. Cette résurrection est un rajeunissement qui serait dû à un bain mystérieux. La disparition au royaume des ténèbres fait des divinités lunaires des divinités de la mort, de la résurrection et de la fécondité. Elles guérissent de la stérilité comme la Fée Esterelle, protègent les nouveau-nés, prédisent leur futur et les dotent des dons les plus rares. Artémis ou Hécate ne furent-elles pas des sages-femmes divines ?

Les Filles des Eaux sont aussi des fileuses. L'image de la tisseuse assise dans la lune est associée à une malédiction : elle aurait été punie pour avoir filé un jour de fête. La déesse lunaire tisse un voile cosmique ; ainsi le voile de Neith, déesse égyptienne de Saïs, que nul mortel ne toucha jamais, et le Zaïph de Tanit, déesse de Carthage, dont la vue porta malheur à la fille d'Hamilcar.

Cette promenade aura permis de contempler les Filles des Eaux dans un miroir indiscret, comme l'empereur Wou-ti des Han le faisait, pour la lune, d'une terrasse qu'il avait construite pour voir l'astre se refléter dans un lac : « Le Lac qui reflète les filles divines », car des femmes, déguisées en Immortelles, montées sur des bateaux jouaient dans ce théâtre lunaire.

NOTES

1. Jacob Böhme. « Des Quatre Complexions » in *le Chemin pour aller à Christ,* 1722.

2. Jacob Böhme, *op. cit.*

3. Houai-nam tseu.

4. Hāritasamhitā.

5. L. Charbonneau-Lassay, *Etudes de Symbolique chrétienne,* Gutenberg Reprints, 1981.

6. Yong-tch'seng tsi-sien lou.

7. *Id.*

8. *Id.*

9. Rig Veda, III.

10. Prashna Upanishad, I, 5.

11. Kalikâ Purâna, 81.

12. Le Roux de Lincy. *Livre des légendes,* 1836.

BIBLIOGRAPHIE

ADAM LE BOSSU, *le Jeu de la Feuillée* (Honoré Champion).
ADELINE, BULTEAU (Michel), *les Sirènes* (Editions du Cygne).
APOLLONIOS DE RHODES, *Argonautiques* (Les Belles Lettres).
D'ARRAS (Jehan), *Histoire de Mélusine*, 1698.
BERGAIGNE (Abel), *la Religion Védique d'après les Hymnes du Rig-Veda*, 3 vol. (Honoré Champion).
BLACHÈRE (E.), *Essai sur la légende de Mélusine*, 1872.
BOULENGER (Jacques), *les Romans de la Table Ronde*. Plon.
CREUZER (Frédéric), *Religions de l'Antiquité*, refondu, complété et développé par J.D. Guigniaut. 12 vol. 1822-1842.
CHRÉTIEN DE TROYES, *Erec et Enide. Yvain ou le Chevalier au lion*. (Honoré Champion).
DESAIVRE (Léo), *le Mythe de Mélusine*, 1882.
EURIPIDE, *Iphigénie en Tauride. Andromaque*. (Les Belles Lettres).
FIRMERY (J.), *la Chanson des Nibelunge*, 1909.
GRIMAL (Pierre), *Dictionnaire de la mythologie grecque et romaine*. (Presses Universitaires de France).
GRIMM (Les frères), *Traditions allemandes*. Paris, 1838.
HEINE (Henri), *De l'Allemagne*. Paris, 1855.
HÉSIODE, *Théogonie*. (Les Belles Lettres).
HOMÈRE, *l'Odyssée*. (Les Belles Lettres).
KASTNER (Georges), *les Sirènes, essai sur les principaux mythes relatifs à l'incantation*. Paris, 1858.
LUCIEN DE SAMOSATE, *Histoire véritable*. (Hachette).
MALORY (Thomas), *la Morte d'Artur*.
MAURY (Alfred), *les Fées au Moyen Age*. (Slatkine Reprints, 1974).
MEUNG (Jean de Meung), *le Roman de la Rose*.
NICAISE (Claude), *les Sirènes, discours sur leur forme et leur figure*. 1691.
OVIDE, *les Métamorphoses*. (Les Belles Lettres).
PERNETY (Dom. Antoine Joseph), *Explication des fables égyptiennes et grecques. Dictionnaire mytho-hermétique*. (Retz).
Roman de la Dame du Lac (Le), XVe siècle.
WAGNER (F.), *les Poèmes héroïques de l'Edda et la saga des Wölsungs*. Paris, 1929.

TABLE

Achevé d'imprimer le 27 avril 1982, sur les presses de la Simped
à Evreux pour les éditions du Rocher à Monaco

N° d'édition : CNE Section Commerce et Industrie
Monaco : 19 023 ; Dépôt légal : mai 1982
Numéro d'impression : 7 097